Alexander F. Storz

Hallo Tankwart

Wo das Wirtschaftswunder Fahrt aufnahm

Motor
buch
Verlag

Einbandgestaltung: Luis dos Santos

Dank an:
Matthias Braun, Bernard Chretien, Erik Eckermann, Axel Hartung, Klaus Holl, Thomas Lück, Jens Torner, Florian Sauer, Johann Kleine Vennekate.

Bildnachweis:
Soweit nicht anders vermerkt, stammen alle Aufnahmen aus dem Archiv des Autors.

ISBN 978-3-613-03535-5

1. Auflage 2013

Sie finden uns im Internet unter www.motorbuch-verlag.de

Lektorat: Joachim Kuch
Innengestaltung: Anita Ament
Druck und Bindung: Bechtel-Druck GmbH & Co.KG, 73061 Ebersbach/Fils
Printed in Germany

Inhaltsverzeichnis

Faszination Tankstelle: Für die Erwachsenen ist der Tankstellenbesuch eine notwendige Begleiterscheinung der Automobilität, für kleine Buben ist sie hingegen spielerischer Selbstzweck. Das Foto von 1968 zeigt den Autor hochkonzentriert beim Spiel mit einer Aral-Tanke. Mainzelmännchen Det fungiert als Tankwart. Die Modellautos passen maßstäblich nicht zueinander. Die »Ente« von Dinky Toys ist ebenso wie die Gummiautos im Maßstab 1/43, im Maßstab 1/87 gehalten sind die kleinen Wiking-Autos. Aber mit vier Jahren sieht man das nicht so eng.

Die Tankstelle als Treffpunkt, als Erlebnispark, als Shoppingcenter – das mag heute so sein. Früher war es nicht so. Da ist man zum Tanken hingefahren, wenn das Auto Durst hatte. Man ist auch hingefahren, wenn sich das heilige Blechle unwohl fühlte. Es gab auch früher mehrere Gründe, die Tankstelle anzufahren. Aber die waren alle sehr profan. Dabei hatte der Autofahrer alles Mögliche im Sinn und dachte über alles Mögliche nach. Über die Benzinpreise, den Ölstand, das murksende Geräusch aus dem Motorraum, den Luftdruck in den Reifen oder den fast leeren Scheibenwaschbehälter. Über eines dachte er garantiert nicht nach: wie steht die Sonne, welche Blende benötige ich, welche Belichtung ist die richtige, um ein schönes Foto zu schießen? Fotos von der Tankstelle sind selten. Denn es gab einfach keinen Grund, hier ein Foto zu machen.

Dementsprechend sind Fotos von Tankstellen, Szenen des Tankvorgangs oder der dortigen Beschäftigung - von Waschen, Putzen und Polieren bis hin zum kritischen Blick unter die Haube - weniger geläufig. Im Fotoalbum ist der Italienurlaub akribisch festgehalten, von der Fahrt über den Brennerpass über die Ankunft am Lago Maggiore und den Zeltaufbau bis zum Brutzeln am Teutonengrill. Aber der kurze Stopp an der Tankstelle war niemandem einen Schnappschuss wert. Mineralölkonzerne haben logischerweise ihre Stationen professionell dokumentiert und so manches

Servicearbeiten: Normalerweise wird der Reifenluftdruck an der Tankstelle überprüft. Nicht üblich ist es hingegen, dass dies ein Geier, einfach so auf der Straße, erledigt. Aber es kommt vor. Der Schnappschuss von 1961 beweist es: Ein Geier überprüft den Reifendruck am 1957er Opel Olympia Caravan.

Autohaus ließ die eigene Tankstelle für eine Firmenbroschüre ins rechte Licht setzen. Aber solche Aufnahmen haben nahezu keinen Eingang in dieses Fotoalbum gefunden. Es sind tatsächlich meist Privataufnahmen, Schnappschüsse von Amateuren, die das Leben an der Tankstelle und rund um sie herum authentisch wiedergeben. Keine Tankstelle ohne Autos. Dementsprechend findet sich auf den Fotos das ganze Spektrum der automobilen Alltäglichkeiten der 30er bis 70er Jahre, unseres Betrachtungszeitraumes. Zuvor gab es kaum Tankstellen. Und die Zeit nach 1980 ist noch nicht historisch.

Die Anfänge waren simpel. Erste Automobilisten kauften ihren Spiritus in der Apotheke und mit zunehmender Motorisierung etablierten sich Zapfstellen, einfache Fässer mit Handpumpe. In den 30er Jahren wurden Tankstellen immer professioneller, aber der Handbetrieb blieb. Damals vollzog sich der Wechsel von der reinen Zapfstelle für Benzin zum Servicebetrieb, also die Tankstelle als Kundendienst-Station mit Pflege- und Wartungsdienst. Zunehmend wurden vom Tankwart Fachkenntnisse erwartet, der Anlernjob wurde zum Lehrberuf, als der er seit 1953 offiziell gilt. In den 50er Jahren, der Wirtschaftswunderzeit, als alles in Deutschland glänzte, glänzten auch die Autos und die Tankstellen. Es war eine Aufbruchstimmung und –zeit, die nahezu kein Ende erwarten ließ. Immer mehr Autos hatten immer mehr Durst, und ihn zu stillen war für den Fahrer keine teure Angelegenheit. Die Zapfsäulen funktionierten elektrisch, und der Tankwart wuselte diensteifrig und fleißig um chromblitzende Automobile mit Heckflossen, Zweifarblackierungen und Weißwandreifen. Auf sehr hohem Niveau stagnierte der Wohlstand in den 60er Jahren, und am Ende des Jahrzehnts hatten wir die höchste Tankstellendichte überhaupt in der Bundesrepublik Deutschland. Die 70er Jahre dagegen waren geprägt von der ersten Ölkrise und der daraus resultierenden Benzinverknappung, dem Trend zur Selbstbedienungstankstelle und der Tendenz, dass Tankstellen immer mehr branchenfremde Produkte verkauften und zum Supermarkt en miniature mutierten.

Quasi als Exkurse lockern drei Kapitel die Chronologie auf: Die automobile Infrastruktur der amerikanischen Besatzer während der 50er Jahre, das Tanken in der DDR sowie die Besonderheiten, welche den Urlaubsreisenden in den 50er Jahren widerfuhren, insbesondere das Coupon-System in bella Italia.

Die wichtigsten auf dem deutschsprachigen Markt vertretenen Benzinmarken finden sich logischerweise auf den Fotos, und deren Geschichte, die teilweise komplizierten Verflechtungen und Hintergründe sowie das Verblassen alter Marken und die Heraufkunft neuer Logos wird ebenso beleuchtet wie das Phänomen der »weißen Welle«, also der konzernungebundenen, freien Tankstellen. Sofern nicht anders vermerkt, stammen sämtliche Fotos aus dem Archiv des Autors.

Ulm, im März 2013

Alexander Franc Storz

Kapitel 1:

Die Henne oder das Ei? Als Bertha Benz 4 ½ Liter Sprit brauchte

Was war zuerst da? Das Auto oder die Tankstelle? Diese Frage ist nicht schwierig zu beantworten. Rufen wir Bertha Benz in den Zeugenstand. Bekanntlich war sie es, die die erste Überlandfahrt mit einem Automobil absolvierte. Mit dem Auto ihres Gatten, aber ohne dessen Wissen. Als ihr am 5. August 1888 auf der 106 Kilometer langen Fahrt zwischen Mannheim und Pforzheim der Sprit ausging, steuerte sie nicht etwa eine Tankstelle an, rief freundlich »Hallo Tankwart« und ließ auftanken, den Luftdruck prüfen und die Windschutzscheibe reinigen. Nein. Denn es gab keine Tankstellen, sie hatte keine Luft in den Reifen (weil Vollgummipneus) und die Windschutzscheibe war auch noch nicht erfunden.

So weit, so gut. Das Auto war vor der Tankstelle da. Doch es gibt eine weitere Frage in unserer Kausalkette: Was war zuerst da? Das Auto oder das Benzin? Gemeint ist natürlich das Benzin für Autos, korrekt gesagt: der Kraftstoff für den Ottomotor. Das Benzin war später da. Nikolaus August Otto verwendete in den 1860er Jahren ein Säftchen, das damals landläufig Spiritus genannt wurde und in Wahrheit Agraralkohol, in heutigem Terminus Bio-Ethanol ist. Mit einer Oktanzahl von mehr als 104 ROZ war es klopffest genug für Ottos frühe Verbrennungsmotoren. Erst später kam das Benzin im heutigen Sinne, aus Erdöl gewonnen. Die Ursache dazu liegt, wie bei so vielem in Sachen Automobil, in den USA. Zum einen war Erdöl damals unbegrenzt verfügbar, zum anderen war es billig und zum Dritten herrschte in den USA die Prohibition vor, also das Alkoholverbot. Es verbot die Getreidebrennereien, und sie hatten den Spiritus für die Landwirte gebrannt. Um die Zeit herum, nachdem das Automobil erfunden wurde und sich langsam aber stetig verbreitete, gab es Benzin, aber auch andere Treibstoffe wie Petroleum, in Apotheken. Bertha Benz musste also zum Nachtanken eine Apotheke ansteuern. Es ist überliefert, dass sie bei der Stadt-Apotheke in Wiesloch anhielt, um viereinhalb Liter Treibstoff zu kaufen. Deshalb wird, natürlich leicht humoristisch, diese Apotheke gerne als »erste Tankstelle der Welt« bezeichnet. Sie erwarb, auch das ist überliefert, das Leichtbenzin *Ligroin*, ein Waschbenzin, das hauptsächlich verwendet wurde, um Flecken aus Kleidung zu eliminieren.

Das Gleiche taten alle frühen Automobilisten, sie steuerten eine Apotheke an, und die Apotheker machten ein gutes Geschäft. Das konnte aber nicht auf Dauer so gehen, dass man seinen »Sprit« (eine Verhunzung des Wortes Spiritus) in klein dosierten Flaschen beim freundlichen Apotheker kaufte. Das musste anders werden. Zu Beginn des 20. Jahrhunderts entstanden anderweitige Verkaufsstellen für Benzin. Sie waren für Automobilisten besser erreichbar – nicht jede Kleinstadtapotheke konnte mit dem Automobil angesteuert

Die Henne oder das Ei?
Als Bertha Benz 4 ½ Liter Sprit brauchte

Seit Beginn der Automobilisierung gibt es Tankfahrzeuge. Der eckige Tank mit abgerundeten Ecken bestimmte jahrzehntelang die Bauweise, denn so wurde der Raum über dem Fahrgestell optimal ausgenutzt. Das Fahrzeug im Bild ist kein normaler Lastwagen, sondern eine sehr frühe Sattelzugmaschine, ein Maffei Schnellzugwagen MSZ 10. Um 1923/24 hatte ein Münchner Unternehmer ein neues Straßentransportsystem der französischen Firma Chenard & Walcker importiert, das sich von üblichen Zugmaschinen deutlich unterschied. Der Anhänger mit der Fracht wurde nämlich nicht nur angekuppelt. Vielmehr konnte die Deichsel so heraufgespindelt werden, dass ein Teil der Vorderachslast des Hängers auf die Hinterachse der Zugmaschine übertragen wurde. Chenard & Walcker hatte mit der Straßenzugmaschine sozusagen das Prinzip des Sattelschleppers erfunden. Der Münchner Lokomotivbauer Maffei (nachmals Krauss-Maffei) erhielt eine Lizenz und stellte das Fahrzeug unter der Bezeichnung Maffei ZW 10 ab 1928 her. Angetrieben wurde es von einem Chenard & Walcker-Vierzylinder-Ottomotor mit 36 PS. Der abgebildete, verbesserte Typ MSZ 10 wurde wahlweise mit einem 60 PS-Magirus-Ottomotor mit 4,7 Litern Hubraum oder ab 1936 mit einem Daimler-Benz-Dieselmotor angeboten. Produktion bis 1941.

werden – und es gab den begehrten Saft in größeren Mengen, eben Autotank geeignet. Im Jahre 1909 wurde das erste Tankstellenverzeichnis Deutschlands herausgegeben, wobei das Wort Tankstelle nicht im heutigen Sinne verstanden werden darf. Es beinhaltete rund 2500 Drogerien, Kolonialwarengeschäfte, Fahrradhändler, Hotels und Gaststätten, wo Benzin zur allgemeinen Abgabe bevorratet wurde.

Es gab dort keine Zapfsäulen; das Benzin lagerte in großen Tanks und musste aus diesen herausgepumpt werden. Das System ist vergleichbar mit einer Ölofenheizung aus Zeiten, bevor es die zentrale Ölversorgung gab. Um die Einzel-Ölöfen zu füttern, musste die Hausfrau mit einer Kanne in den Ölkeller gehen, wo der Öltank stand. Am Öltank war eine Handpumpe, und so pumpte Mutti Öl über ein Schläuchlein aus dem Tank in die Kanne. Damit befüllte sie dann den Öltank im Ofen. So lief es bei diesen 2500 Zapfstellen ab. Eine Blechkanne oder eine ausgediente Milchkanne pumpte man voll, danach schüttete man deren Inhalt in den Benzintank. Wer dabei rauchte, und es rauchten viele Menschen, riskierte sein Leben. Sicherheitsbestimmungen gab es nicht, allenfalls den gesunden Menschenverstand.

Immer mehr Verkehr entwickelte sich, immer mehr Automobile waren unterwegs, und langsam etablierte sich eine Treibstoff-Infrastruktur. Es gab Anfahrstellen, an denen ein riesiger Benzintank untergebracht war (entweder fest montiert oder auf der Pritsche eines Lastwagens montiert), und das Benzin wurde direkt in den Autotank gepumpt. Es waren Autoreparaturwerkstätten und -verkaufshäuser in der Stadt, auf dem Lande fortschrittliche Schlosser, Schmiede und Wagenbauer, welche diesen Service anboten. Es dauerte nicht lange, bis die zunächst überirdisch gelagerten Öltanks unter der Fahrbahndecke verschwanden – aus

Weit profaner: Lastwagen mit Holzpritsche, darauf ein ovaler Tank. Aus der Zeit direkt nach dem Ersten Weltkrieg stammt dieser gummibereifte Magirus Typ 3C1 Dreitonner mit 40 oder 55 PS. Die Deutsch-Amerikanische Petroleum-Gesellschaft (DAPG) *wurde 1890 in Bremen gegründet, eine Filiale der amerikanischen* Standard Oil *zum Import von deren Produkten. Das Petroleum hieß* Dapol, *das Benzin* Dapolin. Foto: Archiv Holl

optischen Gründen, aus Sicherheitsgründen, aber auch, um dem Diebstahl vorzubeugen. Und Selbstbedienung gab es auch nicht mehr. Benzin bekam man von einem extra dafür abgestellten Menschen. Das war die Geburt eines neuen Berufsstandes, des Tankwarts. Das hier Gesagte ist nicht typisch deutsch, sondern gilt für alle Industrienationen, die in der Pionierzeit des Automobils eine wirtschaftliche Rolle spielten.

Die Tankstelle an sich, so wie man sie sich heute vorstellt, kommt aus den USA. Es war die *Standard Oil of Indiana*, die 1917 einen Tankstellen-Einheitstyp präsentierte. Er sah so aus: Vor dem verglasten Kassenhäuschen ist ein großes, vorgebautes Dach. Unter ihm stehen Zapfsäulen, die vom Kunden angefahren werden können, und es schützt sowohl die Zapfsäulen als auch den Kunden vor Regen. Zu dieser Einheitstankstelle gehörte bereits ein Preismast, gut sichtbar von der Straße aus, sodass der Autofahrer sah, wie viel er für eine Gallone zu zahlen hatte. Diese Einheitstankstelle erlebte binnen weniger Jahre einen Siegeszug rund um die industrialisierte Welt und kam natürlich auch ins Deutsche Reich.

Ende 1922 errichtete die Mineralölfirma *Olex* am Raschplatz in Hannover die erste Tankstelle nach diesem Modell, verkauft wurde Benzin der Marke *Strax*; 1927 hielt die erste Zapfsäule in Hamburg Einzug, an der via Füllrüssel getankt wurde, also nicht mehr über den Umweg mit Kanistern oder Kannen. Zeitgleich entstanden in Deutschland erste Tankstellen mit frei stehenden Zapfsäulen am Straßenrand. Ein Industriezweig für sich war die Herstellung der Equipage, von Zapfstellen und -säulen und Pumpenaggregaten über Kleinteile wie Messgläser und Quittungsdrucker, beleuchtete Pfeiler, Kanisterschränke, Ölkabinetts und Hochdruck-Wagenwäscher sowie Hebebühnen bis hin zu ganzen Tankanlagen oder genormten, freitragenden

Die Henne oder das Ei?
Als Bertha Benz 4 ½ Liter Sprit brauchte

Eine typische Auto-Reparaturwerkstatt in den 20er Jahren, vorne das Wohnhaus, im Hinterhof die Werkstatt. Ein Zubrot verdient der Mechaniker als Tankwart. Er hat die Marke BV *Aral im Angebot, rechts die Zapfsäule, daneben das Ölkabinett.*

Schirmdächern. In der Vorkriegszeit führend in diesem Bereich war die *Fabrik explosionssicherer Gefäße Salzkotten*. Um das Jahr 1900 machte sich die Firma einen Namen mit explosionsgeschützten Kannen und Kleingefäßen, sie avancierte binnen eines Vierteljahrhunderts zum führenden Tankstellenausstatter Deutschlands. *Salzkotten* lieferte komplett ausgestattete Tankstellen. Von *Salzkotten* kamen Autodienststationen, Großgaragen, Straßentankstellen und Omnibusbahnhöfe, ja sogar Unterflurzapfstellen für Flugfelder, daneben jegliche Sicherheits- und Betriebsarmaturen, Ölpumpen und Ölzapfschränke bis hin zu Messgeräten und Benzinkanistern. Die Firma *Salzkotten* gab es bis 1987 unter diesem Namen, sie ging dann in *Gilbarco* auf, deren Deutschlandsitz noch immer in Salzkotten ist. Weitere bekannte Zapfsäulenhersteller waren das *Schwelmer Eisenwerk* in Schwelm und die *Süd-Tank* in Geislingen an der Steige.
Der Schmierstoffverkauf wurden durch Ölkabinette erledigt, anfangs waren sie fahrbar, ab den 30er Jahren stationär, zunehmend mehrteilig und im Design den Zapfsäulen angepasst. Es funktionierte einfach: Eine Ölpumpe wurde durch eine Kurbel oder einen Hebel betätigt und förderte das gewünschte Öl aus dem unter dem Kabinett angebrachten Tankbehälter in ein Messgefäß. Dann konnte der Tankwart es in den Motor füllen.
Der ölverschmierte Lümmel, der dem gediegenen Chauffeur den Sprit einfüllte, war der Tankwart. Er musste nicht viel können. Aber je mehr er konnte, und je weniger er ein ölverschmierter Lümmel war, desto eher machte er Geschäfte. Er konnte Servicearbeiten am Automobil ausführen, ja sogar eine Werkstatt angliedern, er konnte Autozubehör verkaufen und einbauen, er konnte mit Reifen, Schmierölen, Bremsflüssigkeit, Zündkerzen und Frostschutz- sowie Reinigungsmitteln handeln. Erst in der Zeit des Nationalsozialismus' wurde der »Job« des Tankwarts als Anlernberuf definiert, aber offiziell umgesetzt wurde diese Idee wegen des Krieges nicht mehr. Der Beruf

Eine Tanksäulengruppe auf bogenförmiger Schutzinsel, gelegen auf dem Firmenhof der Fahrzeugwerke von Fritz Gaubschat in Neukölln bei Berlin. Zum Zeitpunkt der Aufnahme anno 1929 feierte das Fahrzeugwerk gerade sein 25-jähriges Jubiläum, gut ersichtlich am geschmückten Schild am Haupteingang. Die Firma Gaubschat ist bekannt, sie baute ab 1922 Omnibuskarosserien, und manche davon waren richtiggehend Aufsehen erregend. Nach dem Krieg stammten die berühmten Berliner Büssing-Doppelstockbusse von Gaubschat. Mit dem Tode des Firmengründers, Helmuth Gaubschat, meldete der Traditionsbetrieb Konkurs an.
Foto: Archiv Holl

des Tankwarts gilt erst seit 1953 als Lehrberuf mit dreijähriger Lehrzeit.
Schon damals gab es Markentankstellen und nicht markengebundene Tankstellen – was nicht gleichbedeutend mit heutigen »Freien Tankstellen« ist. Die Markengebundenen waren – im Wortsinn – an eine Marke gebunden, gehörten dem Mineralölkonzern und waren verpachtet. Die nicht Markengebundenen (so genannte »Gemeinschaftstankstellen«) waren in privater Hand und boten Kraftstoffe verschiedener Marken und Kategorien parallel aus mehreren Zapfsäulen an. Offeriert wurden Leichtbenzine und Petroleum, Benzol und Benzin, aber kein Diesel. Diesel benötigten nur Lastwagen, und die wurden in Betriebs- und Speditionshöfen betankt. Benzin hatte sehr unterschiedliche Qualität und Klopffestigkeit, aber die Ottomotoren waren damals so niedrig verdichtet, dass sie mit fast allem betrieben werden konnten, und die seinerzeitigen Oberflächenvergaser kamen mit Leichtbenzin (auch *Gasolin* oder *Ligroin* genannt) am besten zu Recht. In den 20er Jahren kam das Benzin im heutigen Sinne auf, zwar weniger klopffest als Leichtbenzin, aber preiswerter. Die höchste Klopffestigkeit hatte Benzol (99 ROZ), es war für fortschrittliche Motoren mit hoher Verdichtung geeignet, aber es war teuer und die Motoren verrußten rasch. In den 1920er Jahren bauten die Mineralölkonzerne ein immer dichteres Tankstellennetz auf, inner- und außerstädtisch. Hergestellt wurde der Kraftstoff zum Teil in einheimischen Raffinerien, es wurde aber auch aus dem Ausland importiert, und meist versorgten die hauptsächlich ausländischen Muttergesellschaften die deutschen Tankstellen mit Benzin. Superbenzin als klopffesteste Sorte gab es in den 20er Jahren bereits. Das war dann normales Benzin, das entweder durch Beimischung hochwertigerer Kraftstoffe aufgewertet oder mit einem Additiv versehen wurde. Auch Benzol wurde dem Benzin beigegeben, um es klopffester zu machen. Die *Olex* brachte 1923 das *Olexin* auf den Markt, ein Benzin-Benzol-Gemisch, 1924 folgte der *Benzol-Verband* (BV) mit seiner Marke *BV-Aral* (sechs Teile Benzin, vier Teile Benzol), weiteres damaliges Superbenzin stammte von der *Rhenania-Ossag*, von der *Deutschen Gasolin* (Markenname *Motorin*) und von der *DAPG* (Markenname *Duolin*), das ab 1928 feurig rot eingefärbt war und auf den Namen *Esso* hörte.
Die 30er Jahre begannen dann mit der Einführung der Mineralölsteuer. In der weiteren Entwicklung nimmt Deutschland gegenüber den anderen Industrienationen insofern eine Sonderstellung ein, als der Nationalsozialismus eine zunehmende Autarkie verlangte. Deutschland sollte unabhängig von ausländischen Konzernen existieren können. Nicht zuletzt im Lichte

Die Henne oder das Ei?
Als Bertha Benz 4 ½ Liter Sprit brauchte

Bei diesem Vordach hat es ein engagierter Zimmermann gut gemeint. Massiv und stabil! Eine kleine Land-Tankstelle mit einziger Shell-*Zapfsäule, davor ein unidentifizierbarer und wohl nicht serienmäßig hergestellter Lieferwagen.*
Foto: Archiv Eckermann

der britischen Seeblockade während des Ersten Weltkriegs war die wirtschaftliche Autarkie einer der politischen Fixpunkte in jener Zeit. Diese Unabhängigkeit – auch im Hinblick auf die Kriegsvorbereitungen – wurde nie völlig erreicht, aber das Deutsche Reich versuchte dieser Unabhängigkeit so nahe wie möglich zu kommen. Nun verfügte Deutschland damals wie heute nicht über alle Rohstoffe, die nötig waren, um das wirtschaftlich-industrielle Leben aufrecht zu erhalten. Stets ein Problem für das devisenschwache Deutsche Reich waren Metalle, Kautschuk, Baumwolle und eben Rohöl. Da halfen auch Clearing-Verträge, also eine Art moderner Tauschhandel mit befreundeten Nationen, nichts. Substitute, also Ersatzstoffe, mussten geschaffen und erprobt werden. Wissenschaft und Forschung arbeiteten auf Hochtouren und erfanden unter dem Diktat der Politik in erstaunlicher Geschwindigkeit neue Werkstoffe. Von der *I.G. Farben* wurde synthetisches Benzin aus heimischer Braunkohle hergestellt, das so genannte *Leuna*-Benzin. Bis 1944 wurden zwölf Hydrierwerke errichtet, in denen Benzin aus Kohleverflüssigung hergestellt wurde, was den Treibstoffbedarf der Wehrmacht und Luftwaffe weitgehend deckte. Nicht aber denjenigen in der Heimat. Deswegen wurden hier Holzgasgeneratoren eingesetzt. In den 30er Jahren gab es auf Deutschlands Straßen einige große Tankstellenketten mit den bekannten Marken *Standard* der *Deutsch-Amerikanischen Petroleum-Gesellschaft*, daneben *Leuna*, *Olexin*, *Stellin*, *Deron* vom *Benzol-Verband* und *Nitalin* von der *NITAG*. Mittelständische Mineralölgesellschaften betrieben ein eigenes, teilweise lokal begrenztes Tankstellennetz, einige von ihnen schlossen sich in der *Uniti* zusammen. An den Autobahnen gab es lediglich eine Versorgung durch die *Reichsautobahn-Kraftstoff-GmbH*, deren Benzin den Namen *Reichsautobahnbenzin* trug.

»Wir haben alles. Was wir nicht haben, brauchen Sie auch nicht.« Nach diesem Motto agiert offenbar der Betreiber dieses Etablissements. Er bietet eine Autotränke der Marke Standard Oil *an mit dem Normalkraftstoff* Standard *und dem Superkraftstoff Esso, er verkauft und repariert Fahrräder, außerdem bietet er Mietwagen und Speiseeis an.* Foto: Archiv Eckermann

Die erste Autobahntankstelle im Deutschen Reich eröffnete im Mai 1936, bis 1939 sollte ihre Zahl auf 88 ansteigen. Zeitgleich existierten im Deutschen Reich rund 60.000 Tankstellen. Marktführer war die *DAPG*, dann folgten *Olex* und der *Benzol-Verband*. Das waren aber nicht nur »richtige« Tankstellen. Die Handlungsreisenden der Mineralölkonzerne waren eifrig und überredeten gerade in entlegenen Winkeln Kneipiers, Hotelbesitzer und sogar Friseure, vor ihrem Etablissement eine Zapfsäule aufzustellen. So wurde ab Anfang der 30er Jahre eine flächendeckende Benzinversorgung gewährleistet – sogar in der hinterletzten Provinz in den Weiten Ostpreußens. Gab es 1925 weniger als 1000, so waren es 1927 bereits 10.000 Zapfstellen im Deutschen Reich, 1930 betrug die Zahl 50.000, bei Kriegsausbruch waren es rund 60.000. Ein Liter Normal kostete 35, ein Liter Super 42 Pfennige.
Während des Krieges waren alle rein privat genutzten Personenwagen (theoretisch) eingezogen, es gab keinen privaten Autoverkehr. Autoverkehr gab es dennoch, eben unter Kriegsbedingungen, und viele Personenwagen, Lastwagen und Omnibusse wurden auf Holzgas umgerüstet, also Holzgasbetrieb mittels Holzversorgung. In einem »Gaskocher«, der auf dem Pkw aufgebaut war, wurde getrocknetes Buchenholz in Gas umgewandelt und damit das Auto betrieben. Das war uneffektiv und im Betrieb eine Schweinerei, aber in Ermangelung flüssigen Kraftstoffs, der ausnahmslos dem Militär vorbehalten war, die einzige Möglichkeit der Automobilität. Eine halbe Million Fahrzeuge wurde während des Krieges auf Generatorbetrieb umgestellt, und sie wurden von der *Generatorkraft-AG* versorgt, die ein richtiges Tankstellennetz betrieb. Der Krieg zerstörte alles. Rund die Hälfte aller Tankstellen war mehr oder weniger demoliert, die Branche stand vor einem radikalen Neuanfang.

Die Henne oder das Ei?
Als Bertha Benz 4 ½ Liter Sprit brauchte

Die Drei von der Tankstelle, aufgenommen 1935 in Naumburg an der Saale, und alle drei lehnen lässig an einer Esso*-Zapfsäule. Die 1870 gegründete amerikanische* Standard Oil Co. *dehnte 1890 ihren Trust auf Deutschland aus, daraus wurde die Deutsch-Amerikanische* Petroleum-Gesellschaft (DAPG) *mit der Benzinmarke* Dapolin. *Ab 1923 verkaufte der Konzern sein Benzin in Amerika unter dem Namen* Esso, *der phonetischen Schreibweise der Abkürzung SO für* Standard Oil. *In Deutschland wurde aus* Dapolin *1931* Standard*-Benzin, der Superkraftstoff hieß bald ebenfalls* Esso. *Nach dem Krieg verschwand der Markenname* Standard *zugunsten von* Esso.
Foto: Archiv Kleine Vennekate

Leuna ist eine sächsische Stadt südlich von Halle mit einstmals großer Chemieindustrie. Leuna war eine Benzinmarke. Ab 1926 wurde in Leuna synthetisches Benzin durch Hochdruckhydrierung von heimischer Braunkohle hergestellt. Synthetisches Benzin war also mitnichten, wie vielfach angenommen, eine Idee der Nationalsozialisten, um Autarkie von Importen zu erlangen. Zunächst war das synthetische Benzin wegen seiner aufwändigen Herstellung zu teuer, während der 30er Jahre spielte der Preis allerdings eine untergeordnete Rolle, die Unabhängigkeit vom »feindlichen Ausland« war wichtiger. Die Aufnahme datiert aus den späten 20er Jahren und in bester Tradition dieser Zeit kürzte der Dorfschlosser Wohlfarth auf dem Firmenschild seinen Vornamen mit »Mich.« ab, so wie der Heinrich in »Heinr.« und der Wilhelm in »Wilh.« abgekürzt wurde. Als ob die paar Buchstaben so viel zusätzlichen Platz noch beansprucht hätten! Michael Wolfarths Emailleschilder an der Wand wären heute der Stolz so manchen Devotionaliensammlers, und der Zweisitzer ist ein Opel 4/20 PS, der überarbeitete »Laubfrosch«. Foto: Archiv Braun

Auf der Rückseite dieses einem Familienalbum entnommenen Fotos steht wirklich, der freundlich lächelnde Junge heiße Dankwart (Zitat in Sütterlinschrift: »Luises Liebstes, der kleine Dankwart, am 28. IX. 1928«). In Anbetracht des sicherlich zufälligen Bildhintergrundes kommt einem unweigerlich ein Kalauer über den zukünftigen Beruf des Kleinen in den Sinn. Aber wir lassen das, es wäre gar zu blöde…

Eine Düsseldorfer Großgarage bietet Mitte der 20er Jahre verschiedene Markenkraftstoffe an sechs Zapfsäulen an: Olex-Strax, Shell, BV-Aral, Dapolin *sowie nicht näher gekennzeichnetes Benzin und Benzol.* Foto: Archiv Holl

Großzügig angelegter Einfahrtsbereich zu einer Großgarage mit ebenfalls mehreren Zapfsäulen unterschiedlicher Marken, die in »Eisernen Jungfrauen« angeboten werden. Das Wort »Eiserne Jungfrau« hat mehrere Bedeutungen. In unserem Zusammenhang bezeichnet es die Zapfsäulenform der 20er Jahre, wie hier dargestellt. Man versteht darunter aber auch ein Foltergerät aus dem Mittelalter, es gibt eine Heavy-Metal-Band mit diesem Namen (Iron Maiden), und in heutigen Computerspielen heißen einige fiktive Figuren so.
Foto: Archiv Holl

Eine Derop-*Tankstelle aus dem Jahre 1927 in Berlin, deren Geräte und Kunden von einem frei stehenden Schirmdach vor Wind und Wetter geschützt werden. Hersteller all dieser Notwendigkeiten war die Firma* Salzkotten. *Derop ist die Abkürzung für* Deutsche Vertriebsgesellschaft für Russische Ölprodukte, *und deren Tankstellennetz wurde 1935 vom* Benzolverband, *der damals größten deutschen Mineralölkette mit der Marke* BV Aral, *übernommen.* Foto: Archiv Holl

Ganz im Stile einer Lifasssäule gehalten ist dieser Straßenkiosk mit Doppeltankanlage, ein Produkt der Firma Salzkotten *aus dem Jahre 1928. Der Automobilist musste den Einfüllrüssel selbst festhalten, denn der Tankwart im Inneren des Kiosks war damit beschäftigt, das Benzin via Handpumpe in einen 20 Liter fassenden Zylinder zu befördern. Anschließend stellte er sich vor den Kiosk und beobachtete den auslaufenden Zylinder samt Messglas. Anhand dessen berechnete er die Menge eingefüllten und somit verkauften Benzins. Gezapft wird die Marke* Oelhag, *die Abkürzung für* Allgemeine Ölhandelsgesellschaft, *ein bekanntes Mineralölunternehmen der 20er und 30er Jahre mit eigener Tankstellenkette. Bis 1935 schaffte es die* Oelhag *zur sechstgrößten Tankstellenkette Deutschlands, wurde aber 1938 je zur Hälfte von* Rhenania-Ossag *und der DAPG übernommen, der Markenname Oelhag verschwand.* Foto: Archiv Holl

Die Henne oder das Ei? Als Bertha Benz 4 ½ Liter Sprit brauchte

Deckblatt eines Salzkotten-Prospektes vom April 1928. Neben den Schwelmer Eisenwerken *war die Fabrik* explosionssicherer Gefäße Salzkotten *führend in der Herstellung kompletter Tankanlagen. Damals ganz neu im Programm: ein Messsystem für die ausgegebene Treibstoffmenge (so genannter Volugraphmesser) sowie ein Quittungsdrucker, der die Spritart, Litermenge, den Preis und das Datum anzeigt.* Foto: Archiv Holl

Zunächst machte sich niemand über die Ästhetik einer Tankstelle Gedanken. Es ging um Funktionalität, sonst nichts. Für ihre Architektur wurden die wenigsten Tankstellen berühmt. Selten kam es vor, dass eine Tankstelle nicht aus funktionalen Bausteinen nach einem standardisierten Typ gebaut wurde, sondern aus der Hand eines Architekten stammt. Bei der hier abgebildeten, pilzförmigen Tankstation der Deutschen Gasolin, *erbaut 1927/28, war dies der Fall.* Foto: Archiv Holl

Tankstellen entstanden aus Reparaturwerkstätten und umgekehrt. Service gehörte schon immer dazu. Hier sehen wir einen sehr frühen Wagenwäscher aus den End-20er-Jahren, ein auf einem Gestell montierter Kompressor, der an die normale Wasserversorgung angeschlossen ist und seinerseits ein Anschlussrohr für Spritzpistolen aufweist. Im Endeffekt das heutige Kärcher-*Prinzip, nur eben Jahrzehnte früher.* Foto: Archiv Holl

Blick in die Werkstatt, ebenfalls Ende der 20er Jahre. Eine Einstempel-Hebebühne war damals ein unerhörter Luxus, zumindest in Deutschland. In den USA war das gang und gäbe. Dort kraxelte kein Mechaniker in die Grube und werkelte im Loch völlig beengt und mit mangelhafter Beleuchtung. Hierzulande schon, teilweise heute noch. Auf dem Bild zu sehen ist ein Opel 4/14 PS Zweisitzer, Baujahr Herbst 1925 bis Herbst 1926, und ein Mechaniker schmiert mit der Hochdruck-Fettpresse den Wagen ab. Foto: Archiv Holl

Werbung von 1938 für Einstempel-Hebebühnen, in welcher recht massiv auf die bisher üblichen Scheren-Hebebühnen geschimpft und auf die Vorteile der »Im-Gleichgewicht«-Hebebühne hingewiesen wird. Es gab zwei Ausführungen, mit Pressluft- oder mit hydraulischem Betrieb. Hersteller sind die Vereinigte Westdeutsche Waggonfabriken, Werk Gastell Mainz-Mombach.

Ein Reifenfüllgerät von Alup aus dem Jahr 1937, beworben mit dem Tankstellenbetreiber im Visier. Der Prospekt benennt zehn Vorteile des »neuverbesserten Modells KKS«, geliefert wird es inklusive Zubehör: »Luftschild, 6-Meter-Hochdruckschlauch mit eingebundenem Hebelstecknippel einerseits, und andererseits eine rasch abnehmbare Schlauchverschraubung, sowie ein anmontierter Luftfilter am Lufteingang.« Die Filma Alup des Adolf Ehmann wurde 1923 in Köngen bei Stuttgart gegründet und existiert noch heute als Kompressorenhersteller.

Großtankstelle mit Zapfstation, zweite Hälfte der 20er Jahre. Die Kaiserberg-Großgarage bot Service rund ums Auto inklusive Einstellmöglichkeiten für die Automobile. Wer seinen Wagen geschützt unter Dach parken wollte, aber mitten in der Stadt lebte, hatte wenige Möglichkeiten, dies auf eigenem Grund zu tun. Platz für eine Garage war in den Vororten, nicht in der Stadtmitte. Tiefgaragen unter Wohnhäusern gibt es erst seit den 50er Jahren. Foto: Archiv Holl

An der Landstraße zwischen München und der westlich gelegenen, damals selbständigen Gemeinde Pasing eröffnete 1927 die Firma Bayernauto ihre Großgarage, der bald mehrere Zapfsäulen unterschiedlicher Marken angegliedert wurden. Die Säulen am Haupteingang werben für den synthetischen Leuna-Kraftstoff, für Shell und Standard. Bayernauto bot Autoservice und Garageneinstellplätze. Damals nannte man das eine Remise. Das Wort stammt noch aus Kutschenzeiten und kommt aus dem Französischen (von remettre = wieder hinstellen, versorgen), es bezeichnet ursprünglich ein Wirtschaftsgebäude für Pferde, Kutschen und Geräte. In Österreich und in der Schweiz ist das Wort heute noch gebräuchlicher als in Deutschland.

Bayernauto firmierte zwischen 1927 und 1931 als Buick-Garage und betrieb nach wie vor die Tankstelle. Nun waren die Eingangssäulen aber grau gestrichen und warben nicht mehr für verschiedene Benzinmarken. Offenkundig konzentrierte sich Bayernauto nun auf Shell. Wie den Schildern zu entnehmen ist, vertrieb die Buick-Garage nicht nur Buick. In den 20er Jahren war es in den USA üblich, den etablierten Labeln Schwestermarken beizufügen, die das preislich etwas niedrigere Segment abdeckten. Die Schwester von Buick war Maquette, diejenige von Cadillac hieß La Salle. Diese vier US-Marken vertrieb Bayernauto, und zumindest die Buick und Cadillac kamen damals aus deutscher Montagefertigung. 1931 kaufte die Automag Buchner & Linse das Gebäude an der Landsberger Straße und überlebte als BMW-Händler bis ins 21. Jahrhundert.

Die Henne oder das Ei?
Als Bertha Benz 4 ½ Liter Sprit brauchte

Eine sportliche Szene: Auftanken an der BV-Aral-*Station in Lindau vor dem Start zur Internationalen Alpenfahrt 1928, aufgenommen am 8. August des Jahres. Fahrer des Wanderer mit Startnummer 25 ist Hermann Atmer, der Wanderer mit Nummer 27 im Hintergrund wird von Alexander Graumüller pilotiert. Der Vollständigkeit halber: Zum Team gehörte auch Atmers Freund Max Mader, er steuerte einen typgleichen Wanderer mit Nummer 26. Beim Start wurden diese drei Wanderer von zwei baugleichen Wagen ohne Startnummer begleitet, einer davon im Vordergrund.* Foto: Archiv Lück

Ein Blick in die Schweiz: Diese winterliche Szene stammt von 1929 und zeigt die Anlage der Autoservice Aeschenplatz AG in Basel im Gründungsjahr. Nach dem Krieg wurden nach und nach VW, Porsche und Audi vertrieben, und die Firma existiert noch heute als ASAG Autoservice AG mit mehreren Betrieben im Großraum Basel und im Grenzgebiet zu Südwestdeutschland. Foto: Archiv Braun

In den 30er Jahren war Opel im Deutschen Reich Marktführer – außer in der Kleinwagenklasse, da hatte DKW die Nase vorn. Direkt am Eingang zur Opel-Zentrale Naumburg des Herrn Carl Friedrich Greiner ist eine kleine Standard-Oil-*Tankstelle installiert. Die* Standard Oil Company *war die größte Erdölraffinerie der Welt, gegründet von John D. Rockefeller, der seinerzeit der reichste Mann der Welt war. Durch seine Wirtschaftsmacht erwarb sich der Konzern eine Monopolstellung, aufgrund derer in den USA ein Antitrust-Gesetz verabschiedet wurde. Dies führte 1911 zur Zerschlagung von* Standard Oil *in 34, teilweise noch heute bestehende Ölunternehmen. Eines davon war die* Standard Oil of New Jersey, *deren deutsche Tochtergesellschaft die* Deutsch-Amerikanische Petroleum-Gesellschaft (DAPG) *war. Aus ihr ging später die Deutsche Esso hervor. 1999 schlossen sich zwei der ehemaligen* Standard-Oil-*Ableger, die* Standard Oil of New Jersey *(Markenname* Esso, *später* Exxon*) und die* Standard Oil of New York *(Markenname Mobil Oil) wieder zusammen und bilden seitdem die* Exxon Mobil Corporation. *In Greiners Firmenhof sind zwei Opel Blitz zu sehen, vorne ein 2 ½-Tonner-Omnibus, dahinter ein 1 ½-Tonner-Pritschenlastwagen, und die beiden Personenwagen, die uns ihren Rücken zeigen, sind eine damals brandneue Olympia Cabriolimousine (hinten) sowie ein Opel 1,2 Liter oder P4.* Foto: Archiv Kleine Vennekate

Nochmals ein Opel, ein in der Provinz Sachen zugelassener Opel »6« 2 Liter, der hier liebevoll gewaschen wird, wieder auf dem Betriebsgelände der Opel-Zentrale Naumburg anno 1935. Mit diesem Mittelklasse-Volumenmodell setzte Opel den Grundsstein für die Nachkriegserfolge von Rekord und Kapitän. Keine Experimente, dafür eine grundsolide Konstruktion. 1934 erschienen, bekam er 1937 jenen neu konstruierten 2,5-Liter-Sechszylinder, der viele Generationen an Opel Kapitän und Blitz Lastwagen in der Nachkriegszeit antreiben sollte. An Tankstellen und in Garagenhöfen konnten Autos gewaschen werden, weil dort damals schon Ölabscheider eingebaut waren. Sie trennen die beiden nicht mischbaren Flüssigkeiten Wasser und Öl/Benzin voneinander. Heute ist das hoch kompliziert und mit einer monatlichen, verpflichtenden Kontrolle verbunden. Damals war es lockerer, eigentlich nur ein kleiner Gusstopf, der in die Entwässerung eingebunden war. In ihm sammelte sich das spezifisch leichtere Öl oder Benzin und konnte dann entsorgt werden. Foto: Archiv Kleine Vennekate

Besuch bei der Eisernen Jungfrau: Ein in Sachsen zugelassener Mercedes 320 (W 142) oder 230 (W 143) – das ist aus dieser Perspektive nicht genau zu erkennen – aus der Zeit 1937 bis 1941/42 stillt seinen Durst an einer kleinen Shell-*Station. Der Herr links trägt Uniform, doch der Wagen hat keine abgedunkelten Kriegsscheinwerfer. Die Aufnahme scheint also aus der Vorkriegszeit zu stammen.*

BV-Aral *tankt das Ford V8 Cabriolet mit Karosserie des Kölner Aufbauherstellers Deutsch, gebaut von 1937 bis 1939. Der Tankwart im Overall befindet sich in Nahkampfhaltung. So schützt er wohl seine frisch geputzten Schuhe davor, dass überschwappendes Benzin sie ruiniert. Dabei dürfte ihm als Profi das nicht passieren. Der* Benzol-Verband *(Markenname* BV-Aral*) war Mitte der 30er Jahre die größte Mineralölvertriebsgesellschaft der »Großen Fünf« im Deutschen Reich und betrieb 7740 Zapfstellen. Der Ford wird mit* Bevaulin *gefüttert, das war synthetisches* Leuna-*Benzin auf Steinkohle-Basis, im Hydrierwerk Gelsenkirchen geschaffen.* Der Benzol-*Verband verkaufte es zunächst unter dem Namen* Bevaulin, *später unter* Aralin.

Ein edles Automobil: Der ziemlich neue Horch tankt Leuna, *und an seiner Heckscheibe ist der Schriftzug »Noch plombiert!« zu lesen. Darunter verstand man, dass am Motor eine plombierte Drosselung angebracht war. Sie verhinderte, dass unvorsichtige Fahrer zu früh dem Motor zu viel Leistung abverlangten. Wer stolzer Eigentümer eines Neuwagens war, fuhr diesen nach Werksvorschriften während der ersten paar tausend Kilometer sorgfältig ein. Während dieser Zeit war die Drosselklappe mit einem plombierten Stopper versehen, wodurch sie sich nur teilweise öffnen konnte und damit nur eine partielle Leistungsfreigabe ermöglichte. War die Einfahrzeit abgelaufen, löste die Vertragswerkstätte die Plombe. Sinn des Einfahrens war, dass aufeinander gleitende Flächen von Kolben, Zylindern und Lagern sich langsam glätten und einander anpassen sollten. Der Horch ist ein Typ 853 mit einer Gläser-Karosserie, Baujahr 1937, und die Aufnahme stammt vom Mai 1937.* Foto: Archiv Braun

Die Henne oder das Ei?
Als Bertha Benz 4 ½ Liter Sprit brauchte

Totaler Durchschnitt: Typische Leuna-*Tankstelle von 1936 mit typischem Kleinwagen von 1936, nämlich einem Opel P4. Das war damals das populärste deutsche Auto, und dank immer effektiverer Rationalisierung in der Herstellung kostete er in seinem letzten Produktionsjahr 1937 nur noch 1450 Reichsmark. Ihm wäre noch eine längere Zukunft gewiss gewesen, hätte die politische Führung nicht unmissverständlich auf den Herstellungsstopp gedrängt. Sie befürchtete, dass der Opel P4 die weit gediehenen Pläne des KdF-Wagens (nachmalig: Volkswagen Käfer) hätte stören können.* Foto: Archiv Eckermann

Auch ein Prototyp muss trinken: Shell *tankt ein Porsche Typ 60 bei einer Testfahrt im Schwarzwald im Winter 1935. Bereits die ersten Porsche-Prototypen zum Volkswagen aus den Jahren 1935/36 trugen sämtliche späteren Käfer-Merkmale: Zentralrohrrahmen, die Drehstabfederung (ein Porsche-Patent seit 1931), die vorderen Tragarme und die hintere Schwingachse. Im Heck saß ein luftgekühlter 845-cm³-Zweizylinder-Doppelkolben-Zweitakter mit 25 PS. Im Vordergrund ein BMW 3/20 PS Typ AM1 (1932 bis 1934), der Nachfolger des legendären, zum BMW gewordenen Dixi.* Foto: Archiv Porsche

Nun sieht der KdF-Wagen aus, wie der Volkswagen aussieht. Dennoch handelt es sich um ein Vorserienfahrzeug aus Vorkriegstagen, einen in Stuttgart zugelassenen VW 38 (Porsche Typ 60). Aufnahme 1939, und der KdF-Wagen erhält gerade eine Portion Leckerli aus der Fettpresse. Foto: Archiv Porsche

Die Henne oder das Ei?
Als Bertha Benz 4 ½ Liter Sprit brauchte

Die Standard*-Station in Berlin-Treptow. Weder Gerätschaft noch Architektur sind bemerkenswert, allerdings aber die Tatsache, dass der Tankstellenbetreiber bereits offensive Werbung für seine Produkte macht und darauf hinweist, dass hier Dieselöl zu haben ist. Der kleine Wagen an der Zapfsäule, ein offener Opel 1,2 Liter Zweisitzer in der Version 1931 bis 1933, benötigt zwar Normalbenzin. Aber im Deutschen Reich waren Ende der 30er Jahre durchaus Diesel-Personenwagen im Privatgebrauch unterwegs, so der Mercedes 260 D (W 138) ab 1936 und der Hanomag Rekord Diesel ab 1937. Während Fahrer von Diesel-Lastwagen auf Betriebshöfen zu tanken pflegten, wünschten Chauffeure von Diesel-Pkw durchaus, an der normalen Tankstelle bedient zu werden. Die Tankstellen mussten sich umstellen und ab 1936/37 einen zusätzlichen Kraftstoff bereithalten; er wurde damals »Gasöl« genannt (die Franzosen sagen heute noch »Gazole« dazu). Das gleiche Problem hatten DDR-Tankstellen übrigens 40 Jahre später, als mit dem importierten VW Golf Diesel die ersten Diesel-Personenwagen die Straßen der DDR bevölkerten.* Foto: Archiv Braun

Zu einer ordentlichen Servicestation gehörte eine Werkstatt. Hier hat sich der zuständige Mann seine Arbeit für die nächsten Stunden aufgebaut: Teilewäsche ist angesagt. Laut Bildbeschriftung wissen wir, dass es ein gewisser Joseph Eberlein ist, der die undankbare Aufgabe hat, diesen zerlegten Motor samt Anbauteilen von Öl und Fett zu befreien.

Hier sehen wir Josef Eberlein, kurz bevor er loslegt. Noch ein Schluck aus der Pulle, und dann noch einer, und schon geht's los...

Tanken unter behelfsmäßigen Bedingungen wird im Krieg zur Selbstverständlichkeit, aber auch dann, wenn Autos unter besonderen Umständen bewegt werden. Besondere Umstände sind es, unter denen dieser 1928er Chrysler sein Soll absolviert. Er rast immer und immer wieder rund um die Berliner Rennstrecke Avus, denn seine Aufgabe ist es, einen Weltrekord im Non-Stop-Fahren zu erlangen. Der so genannte kompressionsfeste Kraftstoff, den der Chrysler süffelt, stammt von der Deutschen Gasolin. Motalin *war ab 1927 deren mit Additiv versetztes Superbenzin,* Motanol *hieß das Motoröl.* Motalin *war eine kurzlebige Angelegenheit, weil das Additiv (Eisenpentacarbonyl) an den Zündkerzen und im Verbrennungsraum eine für den Motor ungesunde, rote Eisenoxidschicht ablagerte. Der Chrysler war übrigens ein in Deutschland montierter Wagen. Nach Auslaufen der Importschutzzölle und der Öffnung des Marktes für ausländische Wagen ab 1925 wurde das Deutsche Reich vor allem von amerikanischen Wagen überschwemmt, die bald auch hier montiert wurden. Spätestens mit den Auswirkungen der Weltwirtschaftskrise ab Ende 1929 ging ihr Anteil rapide zurück, denn ihr Betrieb war wegen steigender Steuern und ihrem hohen Benzeinverbrauch zu teuer geworden.* Foto: Archiv Braun

Der Landser lächelt, zumindest fürs Foto. Er ist für den Spritnachschub seiner Truppe zuständig, sozusagen der Tankwart der behelfsmäßigen Feldtankstelle. Zurück zu den Wurzeln: Wie in den ersten Jahren des Jahrhunderts wird hier mittels Handpumpe aus Fässern gepumpt und die Fahrzeuge bekommen ihren Saft via Gummischlauch direkt in den Tank.

Gesittetes Tanken während des Krieges an einer gesitteten Tankstelle. Zwei während des Zweiten Weltkrieges sehr bekannte Fahrzeuge stillen ihren Durst. Das hintere ist ein Opel Blitz S 3-Tonner, der am meisten verbreitete Lastwagen der Wehrmacht. Der Kübelwagen vorne ist ein im militärischen Duktus Kfz 15 genannter Mittlerer Einheits-Pkw. Er wurde von 1937 bis 1943 bei der Auto-Union in Zwickau unter den Markenbezeichnungen Horch und Wanderer und ab 1940 bei Opel in Rüsselsheim gebaut. Ihn gab es mit Horch- oder Opel-Motor, wobei die Truppe den zuverlässigen Opel am liebsten mochte, obgleich es schon ein Status-Unterschied für den Fahrer war, ob er nun einen Horch V8 oder Opel mit Reihensechszylinder fuhr. Der Mittlere Einheits-Pkw wollte gut gepflegt sein, 100 Schmierstellen hielten den kriegsgeprüften Fahrer auf Trab. Natürlich war gute Wartung im Feld nicht immer möglich, vor allem nicht im Russlandfeldzug. Aber gepflegte Mittlere Einheits-Pkw dankten es ihrem Besitzer mit Treue, Zuverlässigkeit und Zähigkeit. Sofern der Wagen auf dem Foto ein Opel ist, wurde er vom gleichen Motor wie der Opel Blitz hinter ihm angetrieben (3626 ccm mit 68 PS).
Foto: Archiv Braun

Das ist das Ende des ersten Kapitels dieses Buches und des Zweiten Weltkriegs: zerschossene Fahrzeuge auf einer Dorfstraße in Lothringen und eine Pégase-Tankstelle, benannt nach dem springenden Pferd in der griechischen Mythologie. Emailleschilder werben für Motorenöle der Marken Essolube *und* Mobiloil. *Die alte Dame mit Schirm, die quer über die Straße schleicht, hatte während der vergangenen fünf Jahre viel gesehen.*

Kapitel 2:

Klein-Amerika in Süddeutschland: Das Tankstellennetz der GIs

Als der Krieg zu Ende war, war alles Gewohnte zu Ende. Die Kriegssieger besetzten Deutschland und teilten es in vier Zonen auf, die amerikanische, die französische, die englische und die russische, die später zur DDR werden sollte. Bis 1990 dauerte der Zustand, dass der Krieg offiziell nicht beendet war, es herrschte lediglich ein Waffenstillstandsvertrag zwischen der Bundesrepublik Deutschland und den Alliierten, und die Siegermächte besetzten Deutschland – jeder in seinem Sektor. Stellvertretend für die vier Sektoren schauen wir uns die automobile Versorgung der Amerikaner an. Rasch nach dem Einmarsch bauten die Amerikaner eine effektive Infrastruktur für den Betrieb und den Verkauf von Personenwagen auf, hauptsächlich Privatautos, aber auch Stabsfahrzeuge. Es hieß EES (European Exchange System) und beinhaltete den Neuwagenverkauf, Wartung und Pflege sowie die Ersatzteilversorgung. Dazu gehörte natürlich das Tanken. Das EES-Zentrum war auf dem ehemaligen Flughafengelände in München. In allen Garnisonsstädten wurden EES-Stations, also Niederlassungen, eingerichtet. Das waren requirierte Autohäuser, hauptsächlich Opel-Händler, die ohnehin eine Verbindung zu General Motors aufwiesen. Zusätzlich zur Privatautoinfrastruktur durch die amerikanischen Militärbehörden selbst gesellten sich in den 50er Jahren deutsche Unternehmer, die sich in die Dienste der GIs stellten. Zumeist gingen sie aus Konzessionären hervor, waren also Händler mit Werkstätten und Tankstellen, die von den Amis mehr oder weniger zwangsverpflichtet worden waren, US-Cars zu warten. Die Betriebe kamen dadurch auf den Geschmack und spezialisierten sich, und die GIs waren gute und zahlungskräftige Kunden.

Die Amerikaner konnten sich innerhalb ihrer Besatzungszone frei bewegen und taten dies natürlich mit ihren Autos. Da sie nicht nur innerhalb ihrer Kasernen oder Housing Areas tanken konnten, gab es ein nur für sie zuständiges Tankstellennetz. Diese Tankstellen dienten der Privatversorgung der amerikanischen Soldaten in Deutschland, nicht der militärischen. Armeefahrzeuge wurden innerhalb der Kasernen betankt, und zusätzlich gab es, vor allem an Autobahnen, ein (dünnes) Netz an amerikanischen Armeetankstellen, welches den Soldaten vorbehalten war. Das waren für deutsche Betrachter ungewöhnliche Tankstellen, an der Autobahn A 8 in Höhe der Ausfahrt Leipheim beispielsweise. Es gab ein Schild, das die Tankstelle für US Army Personal only auswies, kein Deutscher bekam hier Sprit, wohl auch kein amerikanischer Soldat für seinen Privatwagen. Es waren graue, ungeschmückte Tankstellen, meist hoch von Büschen umgeben, Orte der Unwirtlichkeit und der Unwirklichkeit, mit einem Nimbus des Geheimnisvollen umgeben.

Klein-Amerika in Süddeutschland: Das Tankstellennetz der GIs

An den zivilen Tankstellen, welche den Angehörigen der US Army vorbehalten waren, durfte ebenfalls kein Deutscher tanken. Die Preise waren in Dollars angegeben, die Abgabemenge in Gallonen statt Litern bemessen, und die Preise waren außerordentlich günstig. Denn es war nicht nur keine (amerikanische) Mineralölsteuer auf dem Spritpreis, er wurde obendrein sogar noch staatlich subventioniert. Uncle Sam tat alles, um seinen Soldaten rund um die Welt den Aufenthalt als Besatzungssoldat so angenehm wie möglich zu gestalten. Die Tankstellen waren Bestandteil des PX-Wesens, ebenso wie die PX-Shops. Die landläufig bekannte Abkürzung PX steht für »Post Exchange«. Das sind Einkaufszentren für amerikanische Soldaten an Standorten außerhalb der USA. Die Konsumgüterversorgungskette PX ist dem US-Verteidigungsministerium unterstellt und dient der Versorgung der US-Army und -Airforce. Sie darf keine Gewinne erwirtschaften. Alle Waren sind steuerfrei. GIs kauften ihre Autos zwischen Kaugummis und Kinderspielzeug. Das Gleiche gab es in Westdeutschland für Engländer (deren Äquivalent zum PX-System hieß NAAFI, das steht für »Navy, Army and Air Force Institutes«) und Franzosen (»Économats des Forces françaises en Allemagne«).

Das Zentrum des EES (European Exchange System) war auf dem ehemaligen Flughafengelände in München. Die »Main Garage« war der 1930/31 gebaute Hangar des ehemaligen Verkehrsflughafens auf dem Oberwiesenfeld. Das Flughafengelände war riesig und topfeben. Hier gab es viel Platz für die EES-Lastwagen und -Sattelzüge. Sie belieferten von der Münchner EES-Zentrale aus den gesamten süddeutschen Raum mit benötigten Ersatzteilen, die alle zentral bestellt und aus den USA geliefert worden waren. Außerdem warteten hier Neuwagen auf die Übernahme durch ihre Besitzer. Das Angebot war vielfältig, jeder amerikanische Wagen konnte über die EES-Organisation an GIs ausgeliefert werden. Hier kommt soeben eine Lieferung baugleicher Wagen des Typs Plymouth Cranbrook von 1953 an.

Das Tankstellengebäude von Pius Eigner in Erding, seines Zeichens Opel-Händler, Werkstatt-Betreiber und seit Anfang der 50er mit den Amerikanern im Geschäft. Gleich zwei Exemplare des Willys 4x4 Station Wagon Typ 4-63, gebaut von Juli 1946 bis März 1950, zeigen uns ihr Heck. Der Eindruck täuscht. Nicht alles, was wie ein Woody aussieht, ist auch einer. Beim Jeep Station Wagon besteht der Aufbau aus Stahl, und eine geschickte Lackierung suggeriert ein sichtbares Holzgerippe. Im Vergleich zum Mercedes 170 V Lieferwagen rechts offenbart sich erst, was für ein großes Auto der Jeep Station Wagon ist.

Das ist die EES-Service-Station Nummer 2 an der Von-der-Tann-Straße in München, nagelneu angelegt 1951 und mit großzügigem Werkstattgebäude versehen. Im Hintergrund monumental die Kuppel des ausgebombten Armeemuseums, der heutigen Staatskanzlei, wo der bayrische Ministerpräsident seines Amtes waltet.

Klein-Amerika in Süddeutschland: Das Tankstellennetz der GIs

Eine Tankstelle in der typischen Architektur der frühen 50er Jahre. Sie gehört zum Areal eines in US-Diensten verpflichteten Opel-Händlers in Augsburg. Der einzige Ami im Bild ist der obligatorische Durchschnitts-Chevy, ein Four-Door Sedan des Jahrgangs 1953/54, links von ihm ein '56er Opel Kapitän, rechts steht eine kleine Preziose, eine Opel Olympia Rekord Cabriolimousine von 1955.

Wir sind nun in Berchtesgaden, beim EES-Vertragspartner Buchwinkler. Wer auch immer nicht wissen mag, wie eine Tankstelle und Zapfsäulen aussehen, aber des Lesens mächtig ist, erfährt durch das große Schild mit Aufschrift »Filling Station«: Das ist eine Tankstelle. Und an dieser steht, mit amerikanischem Besatzungskennzeichen versehen, ein Opel Blitz, und zwar der so genannte Weich-Blitz. Das ist der 1951 erschienene Nachfolger des bis dato gebauten Vorkriegs-1,5-Tonners, mit identischer Technik, aber auf 1,75 Tonnen aufgelastet und mit einem hochmodernen, sehr amerikanisch anmutenden Fahrerhaus versehen. Die US Army bediente sich durchaus deutscher Autos. Bezahlt wurden sie von den Deutschen im Rahmen der Besatzungskosten. Und weil das Geld, wenn sich die US-Army für einen Opel entschied, ohnehin in die USA zur Konzernmutter General Motors floss, verdienten die Amis daran gleich doppelt. Ein wirtschaftlich genialer Schachzug.

Die Amerikaner brauchten eine flächendeckende Infrastruktur, und wo ihr Militär stationiert war, dort benötigten sie auch eine Autowerkstatt. Die Alpen dienen als pittoreske Kulisse für den kleinen Opel-Händler Krause in Garmisch-Partenkirchen, und sein Gebäude ist im besten oberbayerischen Stil mit hölzernem Vorbau gehalten. Zum »Opel«-Schild gesellt sich der »GM-Service«, was die hier stationierten Soldaten zu Recht erwarten ließ, dass mindestens Mister Krause himself englisch spricht. Rechts ein '51er Opel Kapitän.

Da kann einer englisch! Der Ingolstädter Meister mit dem schönen Namen Wendelin Binder hat sich ganz auf seine neue Klientel eingestellt. Er betreibt einen Abschleppdienst, ist day and night für havarierte Kunden da und gibt sich universell: »All kinds of repair« heißt, dass Binder alle überhaupt anfallenden Reparaturen ausführen kann. Doch nicht nur dieses! Wendelin Binder betreibt dieses prächtige Anwesen, eine Tankstelle mit angeschlossener Werkstatt. Aus seiner ehemaligen Imbissbude machte er eine Snack Bar, und weil Wendelin Binder ein Pfiffikus war, übernahm er die brüllende Art der Werbung, wie sie die neuen Herren im Lande pflegten. Jedenfalls ist kilometerweit sichtbar, wo der amerikanische Hunger mit Cola und Hamburger gestillt wird.

Kapitel 3:

Tanken im Wirtschaftswunder: Viele Tankstellen für noch mehr Autos

In den 50er Jahren wuchs alles, alles war vom beginnenden Wohlstand geprägt. Alles war neu, wurde schöner, größer, reicher, dicker. Auch die Menschen. Auch deren Autos. Anfangs fuhren sie Fahrrad, dann Motorrad, spätestens in der zweiten Hälfte der 50er Jahre hatten sie ihren Volkswagen. Wurden 1952 in der Bundesrepublik Deutschland noch 301.089 Personenwagen produziert, so waren es 1959 immerhin 1.356.321, also mehr als vier Mal so viele. Der Bestand an Personenwagen stieg stetig: Anfang 1948 gab es in Westdeutschland 1.114.000 Autos, Anfang 1951 waren es 2.155.000 auf knapp 50 Millionen Bundesbürger, am 1. Juli 1959 besaßen die über 56 Millionen Westdeutschen 3.455.416 Autos. Diese Autos benötigten nicht nur Straßen, Parkplätze, Verkehrsraum und ein Werkstattnetz. Sie benötigten auch Saft zum Leben. Der Mineralölverbrauch betrug 1949 noch 2,3 Millionen Tonnen, 1951 waren es 5,2 und 7,6 Millionen Tonnen im Jahre 1953. Analog der automobilen Zuwachsraten bewegte sich die Tankstellendichte nach oben. 1950 gab es in Westdeutschland rund 18.000 Tankstellen, 1959 waren es fast 34.000.

Der architektonische Wildwuchs der Vorkriegszeit wich einer gesitteten Einheitlichkeit. Marketingstrategen erkannten, dass dies, gepaart mit firmenspezifischen Farben, einen Wiedererkennungseffekt bedeutet, und der Anspruch war, den Kunden an die Marke zu binden. Das ging so weit, dass einige Konzerne das Gerücht verbreiteten, Benzin unterschiedlicher Marken vertrage sich nicht miteinander. Das ist natürlich Humbug. Aber wer es glaubte, fuhr stets eine Station desselben Mineralölkonzerns an. Dienstbereitschaft rund um die Uhr signalisierten Leuchtreklamen, und bereits 1949 begann *Esso* mit der Errichtung standardisierter Bauten. In einer Art Baukastensystem, ausgehend vom Kassenhäuschen, wurde modulartig zusammengefügt, was Platz hatte: kleine Stationen auf kleinen Plätzen, große Stationen auf großen Plätzen. Innerhalb der Stadt waren innerstädtische Tankstellen gefragt, und sie blieben innerhalb der Stadt, bis sie in den 70er Jahren zunehmend in die Ein- und Ausfallstraßen verdrängt wurden. Deutsche Stationen hatten fast immer einen überdachten Zapfsäulenbereich zum Schutz vor Wind und Wetter. Denn der deutsche Fahrer pflegte während des Tankvorgangs auszusteigen und ein wissend-kritisches Gesicht aufzusetzen – auch wenn er nichts zu tun hatte. Dadurch, so die Psychologie des Herren, fühlte sich der Untertan in Person des Tankwarts kontrolliert und arbeitete deshalb korrekter. Erste Selbsttank-Zapfstellen blieben in Deutschland erfolglos. In den 50er Jahren wollte man bedient werden.

Als Arbeitszeit noch bezahlbar war, gab es mannigfache Angestellte an jeder Tankstelle. Der Pächter selbst, also der Chef, war allenfalls für das Tanken zuständig, denn da ging es ums Geld. Seine Hilfswilligen, bis hin zum greisen Schwiegervater, wuschen mit einem Eimer Dreckwasser die Windschutzscheibe, husteten in die Reifen, kontrollierten den Ölstand, prüften den Säure-

Tanken im Wirtschaftswunder: Viele Tankstellen für noch mehr Autos

Ganz frühe Nachkriegszeit. Das Volkswagenwerk konnte bereits liefern, als andere Autofirmen noch Schutt wegräumten. Durch diesen Vorsprung sicherte sich VW-Chef Heinrich Nordhoff jahrzehntelang die Bindung vieler Behörden an sein Werk. Er war es auch, der in jedem Kuhdorf eine Tankstelle als VW-Händler requirierte und dadurch den absolut flächendeckenden Volkswagen-Service etablierte. Auf diesem Foto dominieren Vorkriegswagen, auch der Mercedes 170 V im Hintergrund ist mit Sicherheit ein 30er-Jahre-Exemplar.

stand der Batterie, füllten kalkhaltiges Hahnenwasser in den Kühler, rüttelten hier und nottelten dort und erwarteten stets ein Trinkgeld.
Zum Service gehörte natürlich auch der weite Bereich des Öls. Auch hieran wurde Geld verdient. »Obenöl, der Herr?«, fragte der geflissentliche Tankwart, bevor er den Schlauch aus der Zapfsäulenhalterung holte und in den Tankeinfüllstutzen gesteckt hatte, und versprach, sein Öl verhindere Klopfen des Motors, reinige den Motor und sorge für eine exorbitante Verbrauchssenkung. Es gab stets normales, erschwingliches Öl und Luxusöl mit allerlei Zusätzen (im Fachjargon: Additive), das vermeintlich ein Auto hundert Jahre alt werden ließ. Wichtig war die SAE-Zahl, und die steht noch heute auf der Öldose. Das Ölproblem hatten DKW- und Goliath-Fahrer nie. Ihre Zweitakter brauchten nie einen Ölwechsel, denn sie schmierten sich bei jedem Tanken selbst. Und wie war das mit »Obenöl, der Herr«? Das wurde dem Benzin beim Tanken beigemischt, damit es den Kolben schmieren sollte, wenn das Motoröl aufgrund der Hitze dazu nicht mehr in der Lage ist. Aber nur die Konservativen hielten am Obenöl fest, einer 30er-Jahre-Tradition.
In den 50ern waren Kolben gut geschliffen und Motorenöle taugten was, Überhitzungen waren selten geworden. Autos, die häufig im Kurzstreckenbetrieb liefen, mochten Obenöl. Gebraucht hat es keines.
Gerne brachten die Automobilisten ihr Heilig's Blechle an die Tankstelle zu einer kleinen Wartung, so zwischendurch, zwischen den ohnehin kurzen Wartungsintervallen in der Werkstatt. Das war eine Frage des Vertrauens in den Tankwart. Ihn kannte man persönlich, den jeweils zuständigen Mechaniker in der Vertragswerkstatt hingegen nicht. Der Tankwart wechselte die Zündkerzen und das Öl, machte eine Motorreinigung, schaute nach den Bremsen – er hatte mittlerweile eine richtige Servicestation mit Werkstatt und Waschhalle, nicht mehr nur eine kleine Zapfstelle. Er kümmerte sich auch um die Karosseriepflege, wusch von Hand mit zu wenig Wasser und polierte hinterher mit einem dreckigen, in Politur getränkten Lappen tiefe Riefen in den Lack. Diesen neuartigen Waschanlagen vertraute man nicht so ganz, vor allem nicht, seitdem bekannt wurde, dass die eine oder andere Zierleiste

Die kompletten 50er Jahre waren geprägt vom fast schon ideologisch geprägten Krieg zwischen den Verfechtern des Zweitaktprinzips, dem der DKW huldigte, und demjenigen der vier Takte. Der DKW F89P Meisterklasse tankt Esso-*Gemisch, eine Mischung aus Kraftstoff und Schmierstoff, und die* Esso-*Tankstelle ist gleichzeitig auch ein DKW-Händler. Ursprünglich war das Betanken von Zweitaktern kompliziert, weil man eine Mischkanne verwenden musste, um ein brauchbares Kraftstoff-Öl-Gemisch zu erhalten (man durfte nie zuerst Öl in den Autotank füllen und danach Benzin nachschütten). In Zusammenarbeit mit* Shell *wurde für den DKW der so genannte* DKW-Shell-Mixer *erfunden, eine im Kraftstofftank eingebaute Mischvorrichtung. Hier konnte der Tankwart zuerst Öl einfüllen, das sich im Mischbehälter sammelte, und danach normal mit Benzin tanken. Er konnte auf die Mischkanne verzichten.* Foto: Archiv Braun

Opel-Tschernitz in der Karlsruher Straße in Ettlingen betrieb lange Zeit die größte Shell-*Tankstelle Süddeutschlands. Die Dame hatte soeben ihren Olympia Rekord von 1953 betankt und entert ihn zur Weiterfahrt. Rechts im Bild ein früher Nachkriegs-Kapitän (Baujahr 1948 bis 1950), die kaum veränderte Wiederauflage des Vorkriegsmodells, dessen Produktion kriegsbedingt unterbrochen worden war.*

Nagelneue Zapfsäulen der DEA *anlässlich der Tankstellen-Eröffnung im Mai 1953. Dies war jenes Jahr, in dem der Deutsche Bundestag beschloss, die Mineralölsteuer kräftig zu erhöhen, nämlich auf über 20 Pfennige pro Liter Benzin. Zuvor waren es 14 Pfennige gewesen, bei Diesel kassierte der Staat nun knapp 6 Pfennige statt zuvor über 9 Pfennigen. Diesel wurde also merklich billiger. Diese erhebliche Differenz verdeutlicht auch, warum Taxifahrer auf den Mercedes-Diesel setzten.*

oder Antenne darin ihr Leben ließ. Da ließ man lieber den Tankwart manuell ran.

Neben den Markentankstellen etablierten sich in den 50er Jahren freie Tankstellen, also markenungebundene. Die verkauften ebenfalls Markensprit, aber eben unterschiedlichen. Das kam so: Erdöl war in rauen Mengen vorhanden, Sprit auch. Die Raffinerien raffinierten teilweise mehr, als die Markentankstellen benötigten. Sie produzierten Überschuss. Den verscherbelten die Konzerne dann billig an freie Tankstellen. Und diese verkauften ihren Sprit etwas billiger an die Kunden, als es Aral & Co. taten. Eine andere Möglichkeit für die Konzerne, ihre überflüssige Flüssigkeit loszuwerden, waren markenungebundene Zapfsäulen in Speditionshöfen und bei Autohäusern. Die DEA ging zeitweise sogar so weit, dass sie an eigenen Stationen eine zusätzliche, neutral gehaltene Zapfsäule anbrachte, an welcher der Sprit ein paar Groschen billiger war.

Tankstellenpächter, Tankstellenbesitzer und Tankwart waren erstrebenswerte Berufe. Zwar musste man eine dienstbare Seele sein und durfte keine herrischen Ambitionen haben. Aber man konnte etwas werden. Dem Auto, seinem Verkehr und seinem Durst gehörte die Zukunft. War ein Tankstellenmensch technisch versiert, hatte ein Gefühl fürs Kaufmännische und war hinlänglich freundlich, so konnte er es innerhalb von zehn Wirtschaftswunder-Jahren zum Betreiber eines arrivierten Autohauses bringen. Das Auto war der Motor des Aufschwungs, Tankwart ein Traumjob.

Die während der Zeit des Nationalsozialismus' zum größten Teil verstaatlichten Mineralölunternehmen gewannen kurz nach der Stunde Null ihre Unabhängigkeit wieder und gaben Vollgas. Alte Zöpfe und Namen wurden abgeschüttelt. Olex und Eurotank taten sich zur BP zusammen, die DAPG firmierte unter Esso, die Rhenania übernahm den Namen ihres Mutterkonzerns Shell, Aral blieb Aral. Während der frühesten Nachkriegszeit blieb Benzin rationiert und wurde auf Marken verkauft, ab April 1951 griff die freie Marktwirtschaft. Einen ersten, aber herben Dämpfer bekam das Wirtschaftswunder durch die Suezkrise 1956, der Suezkanal blieb zu und Öllieferungen blieben aus. Die europäischen Staaten sattelten um und bezogen ihr Öl nicht mehr nur von den Arabern, sondern auch aus Nordafrika, der UdSSR, ja sie förderten sogar in der Nordsee. Die Folge: Ein Überangebot an Rohöl am Ende der 50er Jahre, damit einher ging ein Preisverfall. Der Kunde an der Zapfsäule merkte es am Literpreis, nicht aber an der Endrechnung. Denn längst fuhr er ein immer größeres Auto, das immer mehr Benzin verbrauchte.

Alte Zapfsäulen auf Fotos oder in Natura zu sehen weckt nostalgische Gefühle, der Anblick einst vertrauter Marken mit ihren Farbkombinationen ruft Erinnerungen wahr. Somit werden alte Zapfsäulen positiv assoziiert. Aber schön im Sinne der Ästhetik waren sie nie. Sie waren und sind reine Zweckverpackungen für komplizierte Apparate. Sie sind auch nicht zeitspezifisch. Die Zapfsäule der 50er Jahre sieht nicht anders aus als die Zapfsäule der 60er Jahre, weder Nierentischflair noch -aroma. Es war ein Zweckdesign, ein Kasten mit abgerundeten Ecken. Genau dasselbe Zweckdesign hatten die damaligen, einheitlichen Briefkästen der Deutschen Bundespost. Und zeitgleich mit den Zapfsäulen, Ende der 60er Jahre, verloren die Briefkästen ihre abgerundeten Kanten und wurden eckig. Zapfsäulengehäuse werden aus Stahlblech in Einzelteilen hergestellt und danach zusammengeschweißt.

Bei Vorkriegszapfsäulen ist die Technik sichtbar, Nachkriegszapfsäulen verbergen sie unter einem Stahlblechkasten. Bis in die 80er Jahre hatten Zapfsäulen mechanische Zählwerke und wurden elektrisch betrieben; die erste elektrische Zapfsäule führte der Benzol-Verband (Aral) 1949 ein. Das heißt, eine elektrisch angetriebene Kreisel- oder Drehkolbenpumpe fördert den Sprit vom Tank via Zapfsäule ins Auto. In den 50ern war ein Schlauch für ein Produkt üblich, in den 60ern gab es bereits zwei Sorten pro Zapfsäule. Statt »Zapfsäule« kann man auch »Tanksäule« sagen. Und die landläufig so genannte »Zapfpistole« heißt offiziell »Zapfventil«.

Tanken im Wirtschaftswunder: Viele Tankstellen für noch mehr Autos

DKW F91 Sonderklasse, ein Dreizylinder-Zweitakter, an einer Avia-Station 1954. Avia ist nicht der Name oder die Marke eines Konzerns. Vielmehr schlossen sich 1927 unabhängige Schweizer Mineralölimporteure unter diesem Namen zusammen, in den 50er Jahren kamen weitere mittelständische Unternehmen aus ganz Europa hinzu, und heute ist Avia die am meisten verbreitete, konzernunabhängige Mineralölmarke Europas. Avia war und ist eher außerhalb der Ballungsräume verbreitet und garantiert die Benzinversorgung in weniger stark bevölkerten Regionen.

Eine schwere Mercedes-Sattelzugmaschine mit Tanksattelauflieger von Aurepa-Stadler, ziemlich modern gestaltet mit integriertem Armaturenschrank. Er zeigt deutlich das Avia-System: Ein freier Mineralölhändler, hier die Firma A. May aus Schweinfurt, hatte sich unter das Dach der Avia begeben.

Ein in vielen Ländern verbreiteter Importwagen war der Fiat 1400. Er wurde von 1950 bis 1958 gebaut, war bei seiner Präsentation hochmodern und gehörte zu den wenigen Personenwagen neben Mercedes, die es auch mit Dieselmotor gab. In Deutschland wurden sie von NSU/Fiat in Heilbronn vertrieben, in Österreich bei Steyr sogar in Lizenz montiert.

Die 50er Jahre wurden und werden häufig mit dem Begriff des Wunders in Verbindung gebracht. Zumindest das »Wirtschaftswunder« hat mit einem Wunder nichts zu tun, sondern handfeste Ursachen. Dieser Begriff kam in Deutschland erst 1955 auf und wurde zum geflügelten Wort. Älter ist der Begriff des »Fräuleinwunders«. Er stammt aus den USA und bezeichnete junge, selbstbewusste deutsche Frauen. Den Auslöser gab die Miss Germany 1950, Susanne Erichsen, die zwei Jahre später als Botschafterin der deutschen Mode in die USA ging und dort als das deutsche Fräuleinwunder bezeichnet wurde. Noch früher hingegen gab es »das deutsche Tankstellenwunder«, nämlich schon 1950 und begrifflich geprägt von der Firma Apparatebau Bomm & Co *aus Geislingen an der Steige für ihre neuartige Zapfsäule mit Selbstrechner und Selbstdrucker. Das »Wunder« war, dass diese Zapfsäule automatisch den Preis in D-Mark sowie die Menge in Litern anzeigte und selbst die Quittung druckte. Das war doch wunderbar.*

Tanken im Wirtschaftswunder: Viele Tankstellen für noch mehr Autos

Bomm & Co. firmierte unter Süd-Tank. *Auf diesem Prospektblatt von 1950 werden Ölanlagen für Tankstellen und die Industrie präsentiert. Das Ölkabinett nannte* Süd-Tank *»Öl-Bar«.*

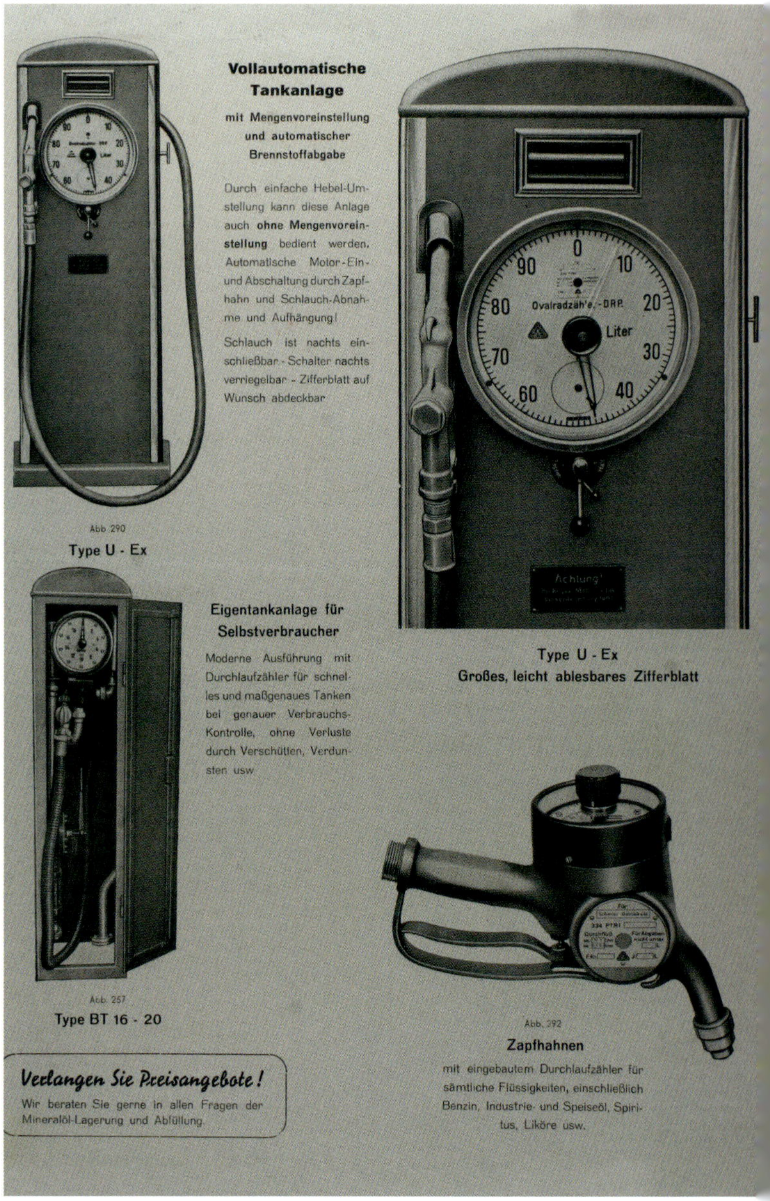

Moderne Zapfsäulen von Süd-Tank, *selbst eine Eigentankanlage für Selbstverbraucher (links unten) ist im Angebot, also eine private Zapfsäule. Das richtete sich nicht an VW-Fahrer, sondern an Landwirte mit großen Höfen, die mehrere Traktoren besaßen.*

Allerlei Tankstellenzubehör und Abfüll-Apparate von Süd-Tank aus dem Jahr 1950. Weiteres Tankstellenzubehör waren Wasserkannen, Mischkannen, Luftprüfer, Öldosen und Kanister in allen möglichen Formen sowie Glas- oder Blechflaschen, aus denen das Öl vom Ölkabinett gezapft und in den Motor gefüllt wurde. Im weiteren Sinne zum Tankstellenzubehör zählen auch Werbung und Reklame, Hinweisschilder, Leuchtreklame und sogar die markenspezifische Tankwartkluft.

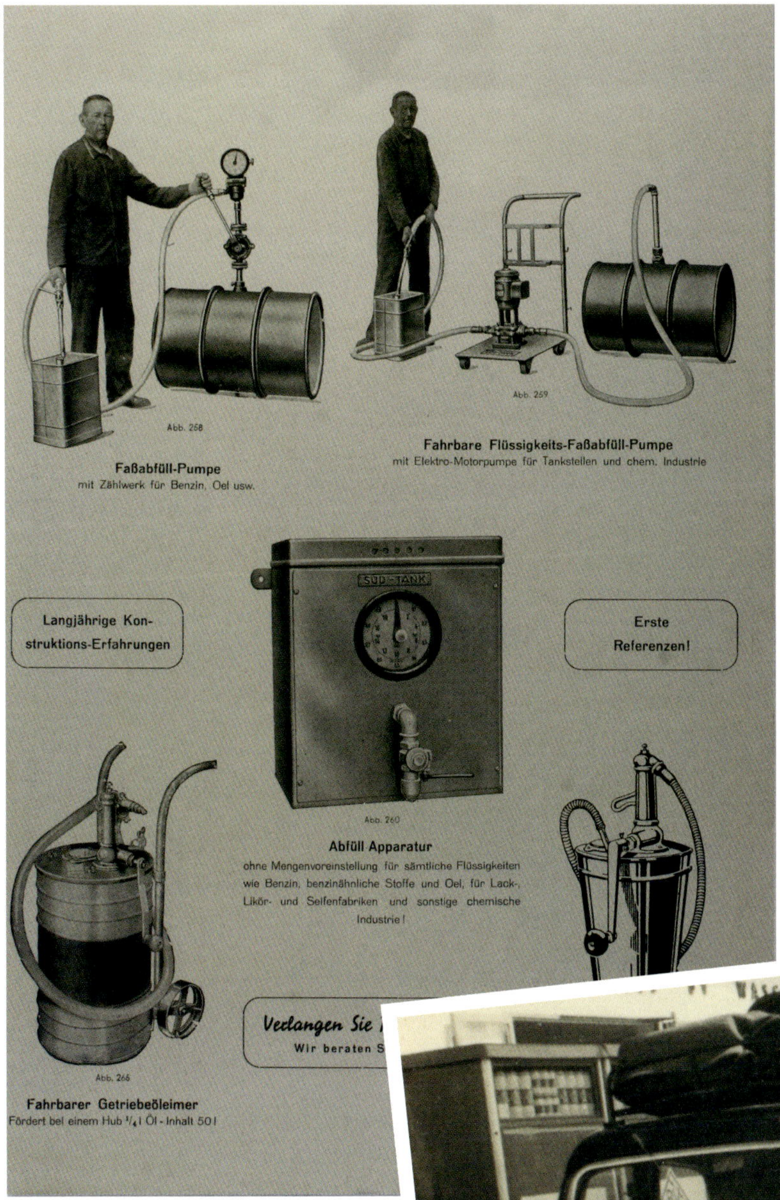

Das waren noch Zeiten: Dienstbereit nähert sich der junge Mann dem Fahrzeug des Kunden, um freundlich in die Reifen zu pusten. Auch die Überprüfung des Luftdrucks gehörte zu den Serviceleistungen und war keine Do-it-yourself-Angelegenheit. Er erwartete dafür ein Trinkgeld. Heute wollen uns die Tankstellenbetreiber schmackhaft machen, dass der Kunde davon profitiert, wenn die Luft nicht mehr kostenlos zur Verfügung gestellt wird. Der Wagen mit holländischem Kennzeichen ist ein Renault Celtaquatre, ein Vorkriegs-Mittelklassewagen, der von 1934 bis 1938 gebaut wurde, 1,5 Liter, 30 PS. Aufnahme 1955 an einer Aral-Tankstelle an der Mosel.

Sommer 1957, Ortseingang der Weinstadt Oppenheim in Rheinhessen. Es könnte auch jede andere kleine Stadt sein, für die dieses Foto symbolisch steht: Rechts das Ortsschild, links die Vorankündigung für die Tankstelle. Das Tankstellennetz in den 50er Jahren wuchs und wuchs, und am Ende des Jahrzehnts lagen statistisch gerade mal viereinhalb Kilometer zwischen zwei Tankstellen. Vorankündigungen durften dann aufgestellt werden, wenn die Tankstelle bei Tageslicht und freier Strecke vom Autofahrer auf eine Entfernung von 200 Metern, innerorts von 100 Metern, nicht zu erkennen war. In Gemeinden über 9000 Einwohnern wurde auf Vorankündigungsschilder generell verzichtet, und das Ganze war Angelegenheit der Straßenbaubehörde.

Mitten in der Stadt entstanden Tankstellen, auf Trümmergrundstücken wie hier in der Türkenstraße in München. Hans Hanauer, seines Zeichens Inhaber der Zentralwerkstätten für Karosseriebau und noch heute ein Renault-Händler, betrieb seit Anfang der 50er Jahre eine Gasolin*-Station, hier fotografiert Ende des Jahrzehnts mit einem Goliath Express Pritschenwagen und einem Opel Olympia Rekord P I.* Gasolin*-Stationen gab es bis 1971, dann wurden sie blau-weiß und liefen unter* Aral*-Flagge. Noch heute werden, nur aus Gründen des Namensschutzes, in Pasewalk und Ueckermünde zwei* Gasolin*-Tankstellen betrieben. Die Ölmarke von* Gasolin *hieß* Motanol*, gut lesbar auf dem Ölkabinett zwischen den Zapfsäulen.*

Dieselbe Hanauersche Gasolin-Tankstelle, aus anderer Perspektive aufgenommen und mit dem ganzen Stolz des Inhabers geschmückt. In den 50er Jahren wurde ganz zaghaft damit begonnen, Oldtimer zu restaurieren, und der Karosseriebauer Hanauer hatte den Auftrag erhalten, einem Loreley 6/10 PS von 1905 zu neuem Glanz zu verhelfen. Hanauer hatte damals eine Goliath-Vertretung inne, und 1958 parkt der Loreley neben dem jüngsten Spross der Goliath-Familie, einem Hansa 1100 Coupé. Loreley war die Automarke der Maschinenfabrik Rudolf Ley im thüringischen Arnstadt, sie existierte von 1905 bis 1918, danach bis 1928 hießen die Wagen Ley.

Trümmerland Deutschland. Links im Bild zu sehen ist ein zerbombtes Haus ohne Dach, dessen Parterre notdürftig genutzt wird, dazwischen hat sich eine recht großzügige Aral-Tankstelle mit Garagen-Einstellplätzen und zwei Wagenpflegehallen niedergelassen. Drei Mann hoch wuseln dienstbare Geister um den kleinen Lloyd LK400 Kombi, gebaut von 1953 bis 1957. Interessant an dieser Stuttgarter Szenerie ist der Hinweis auf dem Dach der Aral-Station, dass in wenigen Metern eine freie Tankstelle (deren »Markenzeichen« das T im Kreis ist) folgen wird, an der man Viscobil-Öl bekommt, das wiederum eine DEA-Marke war. Und auf dem Garagendach ist ein Hinweisschild in Form eines wegweisenden Männchens angebracht, das auf den ebenfalls nahe gelegenen Renault-Dienst verweist.

Tanken im Wirtschaftswunder: Viele Tankstellen für noch mehr Autos

Ein typischer kleiner Aral-Tankwagen der Zeit ist dieser MAN F8 mit Aufbau von Aurepa-Stadler, Fassungsvermögen 6000 Liter.

Ein größeres Kaliber: Mercedes L 3500 Tanksattelzug, Aufbau ebenfalls von Aurepa-Stadler.

Ein Riese: Mercedes L 6600 oder L 315 mit aufwändigem Karosseriebauer-Fahrerhaus und reich verziertem Sattelauflieger. Die Aluminium-Schwingen am vorderen Ende des Schlauchfachs sind eigentlich für den Karosseriebauer Ackermann charakteristisch. Aber Ackermann machte keine Tankauflieger, so wenig wie Kässbohrer. Bei diesem Mercedes verhielt es sich so: Kässbohrer bekam den Auftrag zum Bau eines Tanksattelzugs mit Fernfahrerkabine. Die Ulmer kooperierten mit der benachbarten Neu-Ulmer Firma Stadler. Kässbohrer kleidete die gewünschte Zugmaschine ein und wickelte den Auftrag in seinem Namen ab, den Auflieger erstellte Stadler im Lohnauftrag. Als die Zeiten für Aufbauhersteller zunehmend schlechter wurden, fusionierten Stadler und Aurepa zu Aurepa-Stadler, Einstellung der Tankwagenaufbauproduktion 1988.

Mitten in Schwabing, Münchens berühmtestem Stadtviertel, entstand Ende der 40er Jahre auf einem Trümmergrundstück an der Ecke Fallmerayer-/ Emanuelstraße diese kleine Tankstelle, gerade mal so groß wie die Grundfläche des zerbombtem Wohnhauses. Inhaber und Tankwart August Lehner verkaufte Aral und bot Servicearbeiten an.

Die Architektur ist ebenso ambitioniert wie zeittypisch, und der Gestalter machte sich augenscheinlich Gedanken über das, was er tat. Immerhin schuf er den Grundriss des Tankstellengebäudes mit bombierter, abgerundeter Fassade in Richtung Emanuelstraße (hier links im Bild) mit genau demselben Schwung wie das zur Fallmeryerstraße reichende Vordach. Ebenfalls hübsch ist die stalagtitenförmige Stützsäule zwischen den beiden Zapfstellen.

Da schmelzen die Fans der Nierentischära dahin: Eine typische Tankstelle der 50er Jahre, quasi der Prototyp der Tankstelle der 50er Jahre. Zwar kein architektonisches Meisterwerk, aber mit ihren Rundungen und dem geschwungenen Dach einfach nur schön. Dieses Dach, das Leichtigkeit und Fragilität suggeriert, ist in Wahrheit eine heikle Angelegenheit. Es muss ein verdammt stabiles und massives Fundament haben, denn wenn ein Sturm wütet und mit all seinem Tosen unter (!) das Dach bläst, so sind hier unglaubliche Kräfte am Werk. In der Erstellung waren derartig waghalsige Dachkonstruktionen aus Spannbeton teuer. Diese Tankstelle, gepaart mit einer Filiale des Münchner Opel-Händlers Häusler, stand an der Landsberger Straße im Stadtteil Pasing, und weil von ihr eine Reihe an Fotos existieren, gönnen wir uns den Luxus, ein wenig um sie herum zu spazieren. Diese Aufnahme stammt von 1955 und zeigt uns im Vordergrund den aktuellen Opel Olympia Rekord, von ihm ziemlich verdeckt einen schwarzen '51er Kapitän sowie mit geöffneter Motorhaube einen Kapitän des Baujahrs November 1953 bis Juli 1955.

Sie wurde im Sommer 1953 eingeweiht, und auf dieser Aufnahme ist sie ganz neu. Ein Chevrolet Styleline Deluxe von 1951 stillt soeben seinen Durst. DEA steht für Deutsche Erdöl AG, der Name existiert seit 1911. 1948 übernahmen DEA und Wintershall (Markenname NITAG) die Deutsche Gasolin, und während NITAG-Tankstellen künftig Gasolin hießen, blieb der Markenname DEA bis 1970 bestehen, um dann Texaco zu weichen. Als die Deutsche Texaco 1988 von RWE übernommen wurde und dieser Markenname starb, erlebte DEA eine Wiedergeburt. 2004 wurden DEA-Tankstellen in Shell umgeflaggt, und wie so oft hat eine DEA-Station überlebt, um den Markennamen aufrecht zu erhalten. Sie steht in Haltern am See.

Im vorderen Bereich der Tankstelle stehen die »feinen« Zapfsäulen, nämlich Normal und Super. Die Schrift auf der Rundung verweist Dieselfahrzeuge in den hinteren Bereich. Dort ging es anders zu. Dort war der Asphalt öliger und der Ton rauer. Denn außer den Taxi-Fahrern, die ja auch zu den gewerblichen Kraftfahrern zählen, wurde die Diesel-Zapfsäule fast nur von Chauffeuren kleiner und großer Lastwagen angefahren. Deswegen war dort das Tankstellenvordach nicht geschwungen, dafür aber höher. Ein Lastauto ist nun mal höher als ein Personenwagen.

Tanken im Wirtschaftswunder: Viele Tankstellen für noch mehr Autos

Dies ist nun der hintere, der Dieselbereich. Das Dach ist nicht freistehend, sondern ein ebenes Vordach, gebäudeintegriert. Aber auch diese Konstruktion ist bemerkenswert, wenngleich nicht waghalsig. Immerhin muss ein Stützpfeiler reichen, um das Spannbetongewicht zu halten.

Nochmals der Blick von vorne, nun eine Aufnahme von 1959, und die Opel sind moderner. Der rot/weiße Wagen im Vordergrund und der lindgrüne an der Zapfsäule sind Olympia Rekord P I von 1958, der so genannte Panoramascheiben-Rekord, und die beiden Kapitäne hinter der Tankstelle stellen 1956er Modelle dar. Bei dieser Aufnahme handelt es sich um ein Schwarzweiß-Foto, das nachträglich von Hand koloriert wurde. Der Aufwand hierzu ist arbeitsintensiv und erfordert einen Spezialisten. In den späten 50er Jahren war das Handkolorieren eigentlich nicht mehr nötig, längst gab es Farbfilme, wie das ältere Foto dieser Tankstelle von 1955 beweist. Warum dieses Bild von Hand koloriert wurde, ist heute nicht mehr nachvollziehbar. Entweder lag für den Verwendungszweck (vielleicht eine Broschüre) nur ein Schwarzweiß-Bild vor, ein Neues konnte aufgrund der vermutlich winterlichen Witterung auf die Schnelle nicht angefertigt werden, und deshalb musste das vorhandene Bild nachkoloriert werden. Oder irgendjemand bildete sich ein, dass diese Art Foto künstlerisch wertvoller sei als ein normales Farbbild.

Von München nach Stuttgart. 1951/52 baute die BP *eine großzügig angelegte Tankstelle auf das Grundstück, auf dem heute das Breuninger-Parkhaus steht. Derart große Anlagen waren innerstädtisch die Ausnahme, weil einfach der verfügbare Grund nicht ausreichte. Wenn ein Tankstellenbetreiber aber, wie hier, eine Waschstraße in seinem Gebäude unterbringen wollte, so benötigte er einfach eine große Anlage. Das Bild wird dominiert von Volkswagen, im Vordergrund ein Borgward Hansa 1500, neben ihm ein Tempo Hanseat Dreirad.*

Dieselbe Anlage aus anderer Perspektive, im Hintergrund der Tagblattturm. An der eingeschossigen Bebauung am linken Bildrand ist zu sehen, dass auch Stuttgart großteils aus Provisorien bestand. 1952 waren die Trümmer längst weg geräumt, brachliegende Grundstücke, auch mitten in der Stadt, wurden gewerblich genutzt. Heute sagt man »zwischengenutzt«, denn oftmals fehlte einfach das Geld zum Bau eines neuen Wohn- oder Geschäftshauses.

Ein interessanter Wagen tankt BP, ein Mercedes 130 H. Das H steht für Heckmotor und war eine Mode der 30er Jahre, letztlich ist der Volkswagen nichts anderes als ein Resultat dieses Trends. Damals war die (nach heutigem Erkenntnisstand: falsch verstandene) Stromlinie der letzte Schrei, und das daraus resultierende, plumpe Heck bot viel Platz für einen Motor. Daimler-Benz sprang ebenfalls auf diesen Zug auf und präsentierte um die Jahreswende 1933/34 den Typ 130. Zeitgenossen verglichen das Auto mit einem Skarabäus, und es fuhr sich fürchterlich, weil es eine gefährliche Heckschleuder war. Daimler-Benz reagierte und brachte nach nur 4298 Exemplaren Ende 1935 den hübscher gezeichneten 170 H heraus. Schon zu Lebzeiten war ein Mercedes 130 H ein seltener Vogel, und seine Art starb eigentlich noch vor dem Krieg aus. Im frühen Nachkriegs-Stuttgart war er bereits ein Dinosaurier.

Eine traumhafte Szene von 1957, und dann noch in Farbe! Diese Caltex*-Tankstelle ist eine Filiale des Münchner Opel-Händlers Häusler, und zwar im Norden Schwabings. Ein buntes Spektrum vielfältiger Rekord-Jahrgänge ist zu sehen, kurioserweise nicht ein Kapitän, und etliche US-Cars. Das lag daran, dass sich Häusler auf amerikanische Soldaten spezialisiert hatte, denn München beherbergte eine große US-Garnison (McGraw-Kaserne 1945 bis 1992).*

Im Dienste von Caltex *steht dieser interessante Tanksattelzug. Der Aufbau, wie meistens, von Aurepa-Stadler, aber auch das Fahrerhaus ist eine Karosseriebauer-Angelegenheit. Kässbohrer in Ulm schuf aus dem serienmäßigen Magirus mit der typischen Alligatorhaube eine beeindruckende Fernfahrerkabine. Die Marke hat keine deutschen Wurzeln, ihr Name ist die Zusammensetzung der Anfangsbuchstaben von* California Texas Oil Company. *Das war ein 1936 gegründetes Gemeinschaftsunternehmen von* The Texas Co. (Texaco) *und* Standard Oil of California *(später* Chevron*). Caltex ist heute noch eine international gebräuchliche Marke des* Chevron-*Konzerns, vor allem in Australien, Asien und Afrika. Vom europäischen Markt hatte sich* Caltex *bereits Ende der 70er Jahre verabschiedet.*

Im Gegensatz zum monumentalen Magirus-Rundhauber-Sattelzug des vorigen Bildes steht dieser kleinere Tanklastwagen, ebenfalls ein Magirus, aber mit serienmäßigem Fahrerhaus, Baujahr 1955.

Die rot-weiße Farbe stand jahrelang für Caltex, *Markenzeichen ist der fünfzackige Stern. Aufnahme im August 1958 einer neu eröffneten* Caltex*-Station, alles neu, alles sauber, auch der Overall des Tankwarts, und für das Foto millimetergenau ausgerichtet stehen Wassereimer und –kannen bereit. Dass sich die Zweitakter langsam, aber sicher auf dem Rückzug befanden demonstriert deutlich die Tatsache, dass die Zweitaktsäule nicht in der Haupttankspur liegt, sondern links vom Kassenhaus, und der DKW-Fahrer darf auch keine überdachte Säule erwarten.*

Das klassische, frei stehende Kassenhäuschen, ein Konstrukt der frühen 50er Jahre und bis in die 70er Jahre vor allem im ländlichen Raum durchaus allgegenwärtig. Platz für Diskretion war nicht, der Tankwart saß auf dem Präsentierteller, und im Sommer muss er aufgrund der Sonneneinstrahlung ganz schön geschwitzt haben. Wir sehen eine neu eröffnete Shell-Station im Jahre 1954. Auf den Zapfsäulen steht ICA, die Abkürzung für Ignition Control Additive. Das ist englisch und somit sehr modern, zuvor sprach Shell ganz profan von »Benzinadditiv« und meinte eine Benzol-Beimischung des Benzins zur Erhöhung der Klopffestigkeit. Bis 1947 firmierte Shell in Deutschland als Rhenania-Ossag (Benzinmarken Stellin und Dynamin, Motoröl Voltol).

Ein Blick hinter das Shell-*Kassenhäuschen mit einer großzügigen Werkstatt- und Autopflegeabteilung.*

In den 50er Jahren war es typisch, dass Tankstellenhäuschen mit Fliesen verkleidet wurden. Das sah krankenhausmäßig steril aus, symbolisierte aber nicht nur Sauberkeit, sondern ließ sich auch tatsächlich sauber halten. Welche andere Verkleidung der Außenfassade eines Gebäudes konnte man schon abspritzen oder zur Not sogar abscheuern? Hier gesellen sich im Autohof einer Aral-Tankstelle zu einem Volkswagen T1 Kombi ein Ford Taunus Transit – sein Hauptmitbewerber auf dem deutschen Markt und pikanterweise ebenfalls von Alfred Haesner, dem Vater des VW-Transporters entwickelt – sowie ein Ford Weltkugel-Taunus und eine Goggo Limousine.

Die Variation des Themas, der Tankstellenbautyp, der bis in die frühen 80er Jahre hinein dominierte: Das Kassenhäuschen zwar nicht mehr voll, aber großzügig verglast und im unteren Bereich gefliest, das gerade gehaltene Tankstellendach überdeckt die Säulenanlage und ist auf der Säuleninsel mit einem Pfosten abgestützt, Neon-Beleuchtung am Dach. Voll getankt wird ein Volvo PV 544, der Buckelvolvo, neben ihm ein 1956er Opel Kapitän. Die Aufnahme datiert vom Winter 1957/58.

Dieselbe Aral-*Station, nun mit einem DKW 3=6 F93 zu Gast, der Zweitaktgemisch wünscht und gerade eine saubere Scheibe bekommt – bitter nötig bei diesem Schmuddelwetter. Seit 1952 firmierte der* Deutsche Benzol-Verband *unter* BV-Aral, *und* Aral *warb damit, seine Kraftstoffe seien bleifrei (wegen des Benzolanteils). Ende der 50er Jahre gingen die Gasolin-Tankstellen an* Aral *über, bis 1972 wurden alle* Gasolin-*Stationen blau-weiße* Aral-*Tankstellen. 2002 ging* Aral *in die Hände der* Deutschen BP. *Weil die Marke* Aral *in Deutschland populärer als* BP *war, entschied* BP, *seine Kraftstoffe unter dem traditionsreichen Namen zu verkaufen. In der Folge erhielten alle bestehenden deutschen* BP-*Stationen das* Aral-*Design – außer ein paar übrig gebliebenen, wegen des Markenrechtes natürlich. Außerhalb Deutschlands verlief es umgekehrt. Dort wurden aus* Aral- *nun* BP-*Stationen.*

Aral, *also der* Benzol-Verband, *war der Trendsetter: 1949 schaffte der Konzern die ersten elektrisch betriebenen Zapfsäulen an. Die Aufnahme stammt von 1957, ist DKW-dominiert, auch eine Borgward Isabella ist zu sehen, und zwar die erste Version mit großem Rombus im Kühlergrill (1954 bis 1958). Im Blecheimer neben der Zapfsäule war klares Wasser zur Reinigung der Windschutzscheibe, in der Kanne destilliertes (also entkalktes) Wasser zum Nachfüllen des Kühlers. Die Apparatur zwischen Kanne und linker Säule ist das Luftdruckprüfgerät. In der linken Säule steht* Aralin *zur Verfügung, ein synthetisches Benzin, das zuvor* Bevaulin *geheißen hatte, rechts wird* Aral *ausgeschenkt, also ein Benzin auf Erdölbasis.*

Shell-*Station im Münchner Stadtteil Obermenzing anno 1955 mit tankendem Käfer und parkendem Opel Olympia '50. Das Besondere an dieser Tankstelle ist, dass sie kein Vordach aufweist. Diese amerikanische Bauweise setzte sich in Deutschland nicht durch. In den USA blieb der Autofahrer während des Tankvorgangs meist sitzen, während der Tankwart (im Regen!) um sein Auto herumwuselte. Der deutsche Autofahrer hingegen stieg aus, um einerseits dem Tankwart zu verstehen zu geben, dass er nicht in Herrscherart sitzt, während der Lakai ums Auto herum rennen muss, andererseits symbolisiert Aussteigen auch Interesse und zugleich Kontrolle.*

Tanken im Wirtschaftswunder: Viele Tankstellen für noch mehr Autos

*Wieder eine typische 50er-Jahre-*Shell*-Station, und das Hübsche an der Szene ist der Wagen, der hier trinken darf. Das ist ein kleiner Champion Ch-400, eine Konstruktion des ehemaligen BMW-Ingenieurs und Autorennfahrers Hermann Holbein aus Ulm. Die Karosserien des Wagens kamen von Drauz in Heilbronn, die Fließbandmontage erfolgte in Paderborn. Der Kleinstwagen mit seinem Zweizylinder-Zweitakter von Ilo mit 14 PS aus 400 cm³ war fester Bestandteil des 50er-Jahre-Straßenbildes.* Foto: Archiv Lück

Verweilen wir noch kurz bei den Kleinsten der Kleinen. Ein Schlückchen DEA*-Gemisch süffelt das Fuldamobil S1, das auch ein NWF 200 sein kann. Der Vater des Fuldamobils war Däne, Norbert Stevenson hieß er. Mit wechselnden Motoren und Karosserieformen erlebte das Fuldamobil seine Evolution in der ersten Hälfte der 50er Jahre. Mit völlig neuer Karosserie aus Aluminium auf Stahlrohrrahmen und Holzboden erschien im Frühjahr 1954 das Fuldamobil S-1. Sein Herzchen war nun ein Einzylinder-Zweitakter von Ilo mit 200 cm³ und 9,5 PS. Der größte Teil, nämlich 701 Exemplare bis Sommer 1955, kamen aus Niedersachsen. Die Nordwestdeutsche Fahrzeugbau GmbH (NWF) in Wilhelmshaven baute das Fuldamobil S-1 in Lizenz, sein Name lautete NWF 200. Optisch kaum zu unterscheiden, aber mit einem Motor von Fichtel & Sachs, bauten die Fuldaer selbst das Fuldamobil S-2 in 430 Exemplaren von Ende 1954 bis Sommer 1955. Ursprünglich war vorgesehen, dass sie nur noch die Schweiz und die Benelux-Staaten beliefern, die NWF hingegen Deutschland mit Fuldamobilen versorgen wollte. Doch die NWF-Produktion endete im Sommer 1955.* Foto: Archiv Lück

Eine illuminierte Shell-*Station mitten in der Nacht, garniert mit zwei Brezel-Käfern, ein 1953er Opel Olympia Rekord vervollständigt den Reigen der damals meist verkauften deutschen Autos. Die hell erleuchteten Tankstellen verstrahlten im nach wie vor dunklen Deutschland der Früh-50er den Optimismus, der zum Wirtschaftswunder führte. Nach wie vor waren die Städte geprägt von schmerzlichen Lücken, welche die Bombardierungen hinterlassen hatten, von Trümmergrundstücken und Wohnungsnot. In manchem Straßenzug war die Tankstelle der erste Neubau, in hellen Farben leuchtend gestrichen. Während kurz zuvor noch ein von den Besatzern ausgesprochenes Ausgehverbot nach zehn Uhr abends bestand, erhellte die Tankstelle den Straßenzug rund um die Uhr.* Foto: Archiv Braun

Eine Rheinpreußen-*Tankstelle anno 1953, mit geöffneter Motorhaube ein Opel Kapitän '53, rechts die erste Kapitän-Nachkriegsgeneration, erkennbar an den runden Scheinwerfern. Sein Vorkriegs-Vorgänger hatte im Art-Deko-Stil gehaltene, eckige Lichter. Die Markenfarbe von* Rheinpreußen *war grün-weiß, die abgebildeten Zapfsäulen stammen von* Salzkotten. *Das Dach der Tankstelle ist massiv und frei stehend, also ohne Übergang zum Kassenhaus.*

Dieselbe Tankstelle, nun mit zweifarbigem Opel Olympia Rekord '53 und seinem direkten Mitbewerber, dem Ford Taunus 12m. Die Rheinpreußen AG *ging auf die Zeche Rheinpreußen des Walter Haniel und seiner Söhne, 1868 als Bergrechtliche Gewerkschaft gegründet, zurück. Die* Rheinpreußen AG *förderte Steinkohle und unterhielt Chemiebetriebe, daneben stellte sie ab Mitte der 30er Jahre Benzin aus Kohle her und vertrieb es über eigene Tankstellen. In den 50er Jahren spielte die* Rheinpreußen AG *eine Rolle, wenn auch keine gewichtige, auf dem deutschen Tankstellenmarkt. Danach wurde* Rheinpreußen *eine Tochter der DEA, Mitte der 60er Jahre verschwand die Benzinmarke langsam.*

Eine Aufnahme der Regensburger Autowerkstatt Boekh aus dem Jahre 1951. Eigentlich nicht spannend oder schön, interessant aber ist, dass Boekh Anfang der 50er Jahre immer noch aus einer Eisernen Jungfrau Shell *zapfte. Sie waren eben unverwüstlich, die alten gusseisernen Dinger.*

Auf den ersten Blick ein Häuschen, keine Tankstelle. Besonders gut ins Straßenbild, vor allem mitten in der Stadt, fügten sich derartige Tankstellenensembles ein. Der Nutzcharakter war ihnen völlig fremd, und mit dem hübsch angelegten Vorgarten wirkt die Wettersteingarage an der Münchner Grünwalder Straße beinahe wie eine Einfamilienvilla im besten Vorort. Gebaut wurde sie kurz vor dem Krieg, aufgenommen im Jahre 1954 und abgerissen Mitte der 60er Jahre. Der Grund im Münchner Stadtgebiet war einfach zu wertvoll, als dass man ihn nur mit einer Tankstelle nutzte.

Große Autohäuser gab es bereits vor dem Krieg. Nach dem Krieg, mit dem Wirtschaftswunder und der Demokratisierung des Luxusgutes Automobil, wurden es mehr und sie wuchsen und wuchsen. Sie wuchsen mitten in der Stadt, und noch bis in die späten 70er Jahre war es üblich, dass große Autohäuser zumindest einen Ausstellungs- und Verkaufsraum in der Stadtmitte hatten, während der Werkstattbetrieb längst im Industriegebiet vor den Toren angesiedelt war. Ein Blick in den Hof von Opel Ulmen in Düsseldorf anno 1953, rechts die hausinterne Esso-*Zapfsäule.*

Tanken im Wirtschaftswunder: Viele Tankstellen für noch mehr Autos

Nicht anders verhielt es sich bei Opel-Dello in Hamburg, Aufnahme 1955, mit Blick auf die Werkstatt-Einfahrt und die Tankstelle.

Mitte 1950 endete die Fertigung der ersten Porsche 356 im österreichischen Gmünd und die Produktion in Stuttgart-Zuffenhausen lief an. Der Wagen im Bild ist einer der letzten Gmünder 356er, und er trägt auch ein österreichisches Kennzeichen. Die Aufnahme erfolgte aber in Deutschland, nämlich beim Autohaus Max Moritz in Reutlingen, seines Zeichens ein sehr früher Porsche-Händler, und auf dem Betriebshof befand sich auch eine Tankstelle. Die Leunawerke lagen nach dem Krieg auf dem Gebiet der DDR. Einige der zu einer Sowjetischen Aktiengesellschaft umgewandelten Leunawerke waren aber auch im Westen. Hier vertrieb Gasolin *unter eigenem Namen sein aus Erdöl gewonnenes und unter dem Namen* Leuna *sein synthetisches Benzin. Der sehr bekannte Vorkriegsname wurde aber bald aufgegeben. Zu sehr wurde er mit dem Autarkie-Programm der Nationalsozialisten in Verbindung gebracht.*
Foto: Archiv Porsche

Typische kleine Vorort-Werkstatt mit Tankstelle und im Freien untergebrachtem Hebebühnen-Arbeitsplatz. Diese kleinen Tankstellen wurden in den 50er Jahren häufig von großen Autohäusern erworben, die in jedem Eckchen einer Stadt eine eigene Filiale unterhalten wollten.

Dieselbe Tankstelle aus einer anderen Perspektive. Sie liegt im Münchner Nobelvorort Grünwald, einer damals wie heute selbständigen Gemeinde, die Anfang des 20. Jahrhunderts noch ein Kuhdorf war und heute als eine der reichsten Gemeinden Deutschlands gilt. Auf dem Foto von 1951 stillt ein Chevrolet Styleline Deluxe von 1951 seinen Durst, wohl der Wagen eines amerikanischen Besatzungssoldaten.

Eine eher ungewöhnliche Architektur: Das Kassenhaus ist gleichsam der Mittelpunkt der Tankstelle wie die Stütze des Rundumdaches. Georg Haas in Regensburg verkauft Opel-Automobile und Shell-*Kraftstoffe, Aufnahme 1952.*

Die »autogerechte Stadt« war ein Schlagwort der 50er Jahre, und schon der Begriff impliziert, dass das Auto und nicht der Mensch im Mittelpunkt stand. Den Wiederaufbau gestalteten die damaligen Stadtplaner im Dienste des Automobils, Stadtautobahnen durchtrennten urbane Viertel, der Verkehrsfluss wurde zum Maß aller Dinge. Heute wird dies, soweit möglich, rückgängig gemacht und als verfehlte Stadtpolitik angesehen. Zur »autogerechten Stadt« gehörten auch Tankstellen im Stadtgebiet. Nicht nur separate Bauten, sondern in Wohn- oder Geschäftshäuser integrierte Tankstellen. Im Parterre tanken, Autoservice und Reparatur, ab der ersten Etage gemütliches Wohnen. Diese Fina-*Tankstelle, aufgenommen 1957 und mit zwei brandaktuellen Opel Rekord sowie einem ’53er Kapitän garniert, ist ein Beispiel dafür.*

Die letzte Evolutionsstufe des ersten Nachkriegs-Rekord war das 1957er Modell mit gestreckter Linie: überdachte Scheinwerfer, angedeutete Heckflossen und eine niedrigere Dachlinie machten den Opel Rekord nochmals aktuell, bevor der todschicke und hochmodische Panoramascheiben-Rekord kam.

Dieses Bild zeigt deutlich, was unter der »autogerechten Stadt« verstanden wurde: Neubauten wurden um einige Meter zurückversetzt gebaut, weil man stadtplanerisch davon ausging, dass in absehbarer Zukunft sämtliche bestehende Häuser abgerissen werden, damit die Fahrbahn spürbar verbreitert werden könnte. Einspurig je Richtung war von gestern, zweispurig das Ziel und dreispurig das Ideal. In den seltensten Fällen kam es so weit, denn die Grundstücke mitsamt den Häusern darauf gehörten Privatleuten, und die Stadt konnte nicht ganze Straßenzüge aufkaufen. Jedenfalls ist gut zu sehen, dass der Neubau rund zehn Meter zurückversetzt gebaut wurde, eine Fina-Tankstelle beinhaltet und die Möglichkeit in sich birgt, dass die von der Tankstelle besetzte Freifläche dereinst der verbreiterten Fahrbahn zugeschlagen werden könnte. Aufnahme im Dezember 1954.

Ein weiteres Beispiel für eine Tankstelle mitten in einer Wohnstraße. Ein Vorkriegs-Wohnhaus steht noch, die Mehrzahl bilden moderne 50er-Jahre-Neubauten, dazwischen eine BP-Station.

Und nochmals: Moderne Aral-Tankstelle in Hamburg, einem Ford-Autohaus angegliedert, Aufnahme im Frühjahr 1957. Das damalige Topmodell der Kölner war der Ford Taunus 15m Deluxe. Gleich zwei Exemplare strahlen hier im vollen Lametta-Ornat um die Wette, gleichsam als Blüte wie als Symbol des Wirtschaftswunders – mit chromblinkenden Applikationen beladen, mit zweifach abgesetztem Zweifarbenlack herausgeputzt, Weißwandreifen, bester Zwirn im Innenraum. Der Taunus 15m Deluxe bedeutet Wohlstand. Er steht für dieses »...ach, wie haben wir's doch herrlich weit gebracht!«.

Alltagsgeschehen 1954 in München, beim eben erbauten Parkhaus am Stachus. Dem VW Kombi folgt ein Vorkriegs-DKW F8 Cabriolet, im ersten Parkdeck ist ein Opel Olympia Rekord '53 zu erkennen. Die Kommunen bauten Parkhäuser, architektonisch fragwürdige Kolosse entstanden auf Trümmergrundstücken und sogen massenhaft die Autos der Massen auf. Zum Parken gehörte die volle automobile Infrastruktur: Werkstatt, Service und natürlich eine Tankstelle, in diesem Falle Fina.

Eine um die andere Tankstelle wurde in den 50er Jahren eröffnet, und bevor der Betrieb losging und der Overall schmutzig wurde, stellte man sich rasch noch ganz ungezwungen nebeneinander und schlürfte fotowirksam ein Gläschen Sekt. Der Architekt trinkt, der Pächter trinkt, der Inhaber trinkt, dessen Geschäftspartner trinkt, der Mechaniker trinkt. Alle trinken. Nur einer wirkt etwas fehl am Platze. Was soll ich hier?, mag sich der arme Tankwart rechts gedacht haben. Warum drücken die mir ein Glas Sprudelwasser in die Hand? Ich mag das Zeug doch gar nicht. Warum musste ich meine Schuhe putzen? Warum muss ich überhaupt hier sein? Eine halbe Stunde litt er, dann war der Spuk vorbei und er durfte wieder das tun, was er wollte, konnte und wofür er bezahlt wurde. Aufnahme im April 1953 anlässlich der Neueröffnung einer DEA*-Tankstelle in Paderborn.*

Tanken im Wirtschaftswunder: Viele Tankstellen für noch mehr Autos

Reiner Zweckbau. Keine Werbung. Keine Profitabsicht. Das ist die Tankstelle auf dem Volkswagen-Werksgelände. Der Blick aus der ersten Etage eines Bürohengstes bei VW, mal eben fotografiert, was er tagtäglich sieht, wenn er aus dem Fenster blickt: viele fabrikneue Volkswagen, die auf ihre Auslieferung warten, die Werkstankstelle und eine Baracke. Aufnahme an einem nasskalten Tag im Dezember 1949. Foto: Archiv Braun

Zu den beiden in den 50er Jahren vorherrschenden Stilrichtungen, der freistehenden und der in ein Wohn- und Geschäftshaus integrierten Tankstelle, gab es eine Gegenbewegung. Sie hatte bereits in den 30er Jahren Gültigkeit, war im ländlichen Raum beheimatet und entsprach einer eher konservativen Bewegung: Das Stationshäuschen war im so genannten Cottage-Stil. Das ist eine integrierte Bauweise von Wohnhaus, vorgebauter, überdachter Tankstelle und angebauter Werkstatt – hier zu sehen in der Nähe von Augsburg, und der prominent im Vordergrund stehende Wagen ist ein Chevrolet Town Sedan von 1949, dem die Zierleisten und die hinteren Radabdeckungen fehlen. Offenkundig wird er für eine Neulackierung vorbereitet.

August Popp im oberbayerischen Windach betrieb ebenfalls eine Station in diesem Stil, ein Nachkriegs-Neubau. Beliefert wird seine Esso-*Station gerade von einem der schönsten Lastwagen der Wirtschaftswunderzeit überhaupt, einem Krupp Titan.*

Erneut eine städtische Esso-*Tankstelle, errichtet auf einem Trümmergrundstück mit Ruinen in der Nachbarschaft, und hier sehen wir den Krupp Titan besser. 1950 kam dieser schwere Lastwagen auf den Markt, und sein Design, vor allem seine spitz zulaufende, lange Haube flößten einerseits Respekt ein, andererseits strahlte das Styling den genau in dieser Zeit notwendigen Optimismus aus, den die Deutschen brauchten: ein bisschen Protzerei nach den entbehrungsreichen Nachkriegsjahren. Der Titan war bis 1954 im Angebot, und obgleich jeder ihn Krupp Titan nannte und nennt, hieß er nie so. Zwischen 1946 und 1954 wurde statt Krupp nämlich der Markenname »Südwerke« verwendet. Korrekt ist also »Südwerke Titan«.* Foto: Archiv Braun

Tanken im Wirtschaftswunder: Viele Tankstellen für noch mehr Autos

Der Krupp Titan war damals der stärkste deutsche Lastwagen, 190 PS leistete sein Zweitakt-Diesel, ab 1951 sogar 210 PS. Die Alliierten hatten den Deutschen derart große Motoren verboten, und so bediente sich Krupp eines Tricks: Seine Konstrukteure bauten dem Titan zwei Dreizylindermotoren hintereinander ein, die auch einzeln lauffähig waren. Natürlich waren sie mit einem Zahntrieb verbunden. Foto in München, im Hintergrund die Türme der Frauenkirche.
Foto: Archiv Braun

Zwei Motoren hatte auch der Henschel HS 190 S Bimot, und sein Name verweist darauf. Es ist derselbe Grund wie beim Titan, warum der Henschel zwei Motoren in sich birgt, nämlich die vom Alliierten Kontrollrat als Maximalleistung erlaubten 150 PS. Diese PS-Begrenzung für Lastwagenmotoren wurde 1951 aufgehoben, aber der Titan und der Bimot erschienen eben früher und unterlagen dieser Regelung. Henschel koppelte zwei 95-PS-Maschinen und schuf so einen 190-PS-Giganten. Im Esso-*Auftrag wurden drei Sattelzugmaschinen mit speziellen Fahrerhäusern gebaut. Ihre Besonderheit waren die beiden »Schranktüren« rechts und links des Kühlergrills, durch welche die beiden nebeneinander liegenden Motoren gewartet wurden. Die Tankauflieger der drei Bimot-Sattelzüge stammen von der 1905 gegründeten Firma Ellinghaus in Beckum und hatten je 21.000 Liter Fassungsvermögen. Der* Esso-*Tanksattelzug war der Henschel-Star auf der IAA 1951, aber weitere Bestellungen blieben aus und 1953 schlief die Baureihe ein. Dennoch ist dies der wohl bekannteste Henschel-Lastwagen, denn Friedrich Peltzer, der Inhaber der Firma Wiking-Modellbau in Berlin, war so begeistert vom Bimot Esso-Tanksattelzug, dass er ihn im H0-Maßstab 1/87 verkleinerte und recht lange im Programm behielt. Generationen an kleinen Buben lernten so den Henschel HS 190 S Bimot kennen.*

Ländliche Tankszene mit Mercedes 180 D. Der einzige Unterschied zwischen dem Benziner und dem Diesel ist der Diesel unter der Haube. Im Fahrbetrieb allerdings gab es viele Unterschied und beim Tanken auch. Durfte ein Mercedes 180 vor dem Kassenhäuschen vorfahren und während des Tankvorgangs im Trockenen stehen, so musste der Mercedes 180 D zur Diesel-Säule nach nebenan dieseln und bekam dort sein schmieriges Öl in den Tank.

Lüftlmalerei und Balkongeranien am Haus Krause. So pittoresk und klischeehaft mögen es die Touristen, wenn sie nach Garmisch-Partenkirchen kommen. Das Domizil der Familie Krause ist ein mit dem Taschentuch gepflegtes Wohnhaus im besten oberbayerischen Stil, bemalt und geschmückt, und anbei eine Werkstatt und Tankstelle, von deren Boden man bestimmt hätte essen können. Aufnahme 1951.

Stille Nacht, heilige Nacht und Schneeflöckchen, Weißröckchen vereint an dieser weihnachtlich geschmückten Gasolin*-Dorftankstelle. Das* Gasolin*-Motoröl wechselte 1959 seinen Namen von* Motanol *zu* Record*, und für das Öl mit neuem Namen wirbt das weit gespannte Plakat mit dem Versprechen,* Record *sei das »Ergebnis weit gespannter Forschung«.* Foto: Archiv Lück

Im Deutschen verdient man Geld. Im Amerikanischen macht man es (»to make money«). Das gefiel den Deutschen und sie wollten viel Geld machen in den 50er Jahren. Sie arbeiteten viel und sie verdienten viel. So wie Leonhard Plonner aus Fürstenfeldbruck. Ein schmuckes Haus, ein schmucker Hof, eine schmucke Werkstatt. Er verkauft Fahrräder und Nähmaschinen, er hat eine Autoreparaturwerkstatt, betreibt einen Omnibus- und einen Taxibetrieb. Und an der Straße stehen zwei Esso*-Zapfsäulen. Leonhard Plonner makes money.*

Szenenwechsel. Auf dem Land. Ein deutscher IHC Farmall D-430 von 1956 mit Kennzeichen aus dem niederbayerischen Deggendorf. Eine Rheinpreußen-*Zapfsäule mit Agrardiesel. Das Dieselöl ist zwar das gleiche, mit dem auch ein Mercedes 180 D oder jeder Lastwagen gefüttert wird, aber der Kraftstoff für die Land- und Forstwirtschaft wird steuerlich begünstigt. Nicht nur hier spart der Bauer. Sein Farmall trägt auch ein grünes Kennzeichen. Er ist von der Steuer befreit, denn er wird ausschließlich landwirtschaftlich genutzt.*

Da sage mal einer, Pferde bräuchten nur Hafer und Tankstellen gebe es erst, seitdem das Pferd kein Fortbewegungsmittel mehr ist. Stimmt nicht, siehe Bild. Die Pneus des Pferdewagens benötigen ein Hüsterchen Luft, und das holt sich der Kutscher natürlich an der Esso-*Station.*

Tanken im Wirtschaftswunder: Viele Tankstellen für noch mehr Autos

Zur ländlichen Tankstelle gehört der Hund. Er ist der eigentliche Herr an der Zapfsäule. Der Tankwart ist sein Mensch, der ihn füttert, und Frau Tankwartin seine Menschin, die ihn krault. Die Esso-*Zapfsäule wird soeben gewartet, der Deckel ist geöffnet, sie offenbart ihr Innerstes.* Foto: Archiv Braun

Ein Hund passt gut auf. Zwei Hunde passen besser auf. Sehr ländliche Szene, ziemlich zurückgeblieben, aber moderne Zapfsäulen haben bereits Einzug gehalten.

Und immer wieder die gleiche Szene: »Obenöl, der Herr?« und ein dienstbarer Geist, der um den Wagen herumspringt. In den 50er Jahren war bei jedem Tankstopp die Motorhaube geöffnet. Heute ist sie das bei jedem Serviceintervall in der Werkstatt alle 20.000 Kilometer. Der Wagen ist ein Mercedes 170 V.

In den 30er Jahren waren es Schmiede, Schlosser und Wagenbauer, die zu den Pionieren des Tankstellengewerbes gehörten. In den 50er Jahren wurde es schon schwieriger, den landläufig so genannten Dorfschmied zu finden. Eine Dorftankstelle gab es immer, aber ob sie ausgerechnet vom Dorfschmied betrieben wurde? Auf der DEA*-Zapfsäule steht* Univis Klüber. *Die Firma Klüber geht auf die Drogerie des Theodor Klüber in Schweinfurt zurück, die mit Petroleum handelte und bald ein Benzin- und Öllager errichtete. Sein Sohn erweiterte den Betrieb, sein Enkel, ebenfalls Theodor mit Namen, gründete 1929 in München eine Einzelhandelsfirma für Mineralölprodukte. Ab 1938 produzierte er Öle für die Marken* Univis, Penreco *und* Permalub. *Nach dem Krieg wurde Klüber ein großer* DEA*-Subunternehmer und betrieb bald die meisten Tankstellen in Bayern. 1955 verkaufte Theodor Klüber all seine Tankstellen an die* Texaco *und spezialisierte sich auf Schmierstoffe. Das ist noch heute das Fachgebiet der florierenden Firma Klüber Lubrications.*

Tanken im Wirtschaftswunder: Viele Tankstellen für noch mehr Autos

Im englischen Cottage-Stil mit spitzem Giebel gehaltene kleine Shell-Station mit angeschlossener Volkswagen-Vertretung, eine ganz frühe VW-Servicestelle, fotografiert im November 1949 in Braunschweig. Foto: Archiv Braun

Die Schöne aus dem hohen Norden trinkt Shell, *liebevoll von Frau Tankwartin gezapft an einer »Durchfahrt-Tankstelle« im Cottage-Stil, irgendwo im Oberbayerischen. Das Foto entstand 1954, als die Borgward Isabella nagelneu war. Im Juni 1954 begann der Verkauf, und die Menschen rissen sich um den edlen Wagen. Auf diesem Sommerurlaubsfoto mag der Borgward allenfalls ein Vierteljahr alt gewesen sein. Das Schild ADAC-Straßendienst rechts im Bild, hinter dem Volkswagen, zeigt, dass der Tankstellenbetreiber einen Abschlepp- und Bergungsdienst im Auftrag des ADAC betreibt.*

1952 erschien der Ford Taunus 12m, den die Weltkugel berühmt gemacht hat. Dieses Markenzeichen war kein Styling-Gag. Die Ausformung der Motorhaube war eine kurzlebige US-Mode Anfang der 50er Jahre, und die US-Stilisten des deutschen Ford übernahmen sie. Diese Protuberanz in eine stilisierte Weltkugel münden zu lassen, war eine gute Idee, symbolisierte dies doch gerade bei einem deutschen Wagen kurz nach dem Krieg, dass er nicht alleine auf dem nationalen Markt reüssieren wollte, sondern weltweiten Erfolg suchte. Und der »Weltkugel-Taunus« verkaufte sich im Export tatsächlich gut! Dass dieses Stilmittel so lange erhalten bleiben sollte, ahnte bei seiner Umsetzung niemand. Aber Ford-Deutschland fehlte es einfach am Geld, neue Presswerkzeuge für die Motorhaube anzuschaffen. Außerdem war die Weltkugel zum Erkennungsmerkmal geworden. Erst bei der letzten Generation ab September 1959 wurde die Motorhaube geglättet und die Kugel eliminiert.

Unmessbar war der Benzinverbrauch dieses Cadillac Model 60 Sedan von 1952. Unmessbar auch sein Renommee. Deutsche fuhren in den 50er Jahren keine amerikanischen Wagen. Nicht mal diejenigen, die es sich hätten leisten können. Wer es sich finanziell leisten konnte, leistete es sich moralisch nicht. Denn das US-Car repräsentierte einerseits das Unerreichbare schlechthin, andererseits ein System, das den Deutschen aufgezwungen wurde. Trotz Wirtschaftswunders – so groß war das Selbstbewusstsein dann doch nicht. In der Schweiz mit ihrem ohnehin internationalen Autobestand waren Amerikaner dagegen weit verbreitet. In Deutschland gönnten sich Prominente einen Cadillac, Hans Albers zum Beispiel. Dieser Wagen tankt soeben BP *Super, der Preis pro Liter betrug damals 52 Rappen, in Deutschland mussten rund 60 Pfennige bezahlt werden. In der Schweiz war Benzin billiger.*

Tanken im Wirtschaftswunder: Viele Tankstellen für noch mehr Autos

Die Gösser-Bier-Reklame zeigt: Wir sind in Österreich, genauer in den Tiroler Bergen im März 1956, und ein Stenz machte sich mit seiner Freundin auf zum Schi-Wochenende. Mit diesem Wagen, einem frühen Porsche 356 Cabriolet, war es für ihn nicht schwierig, eine hübsche Begleiterin zu finden. In Österreich ist Shell seit 1924 beheimatet und unterhielt in Wien-Floridsdorf eine eigene Raffinerie, die nach dem Krieg von den Sowjets verstaatlicht und erst 1955 reprivatisiert wurde. Die Raffinerie wurde von Shell Austria bis 1970 betrieben, dann siedelte die Mineralölgesellschaft in das Ölhafen-Industriegebiet der Wiener Lobau um. Schließung 2010.

Rund um die Tankstelle: Es gab Schmierstoffe im Konzernverbund der Mineralölgesellschaften und Schmierstoffe externer Hersteller, wie beispielsweise Veedol. Veedol belieferte Tankstellen und Autowerkstätten, und wir sehen die Veedol-Flotte des Münchner Großhändlers Adalbert Kirsch im Jahre 1951: einen frühen Volkswagen T1 Transporter und einen Opel Olympia Lieferwagen, dem ein Karosseriebauer nachträglich ein zusätzliches Seitenfenster eingebaut hatte. Nachdem Markentankstellen die Schmieröle und Fette des eigenen Konzerns anboten und verwendeten, blieb freien Ölfabrikanten wie Veedol das Geschäft mit den freien Tankstellen und jenen Autowerkstätten, die keine Markentankstelle betrieben. Auf Veedol vertraute schon Henry Ford bei seinem Model T, und auch Graf Zeppelin goss dieses Öl in die Motoren seiner Luftschiffe. In den 50er Jahren war Veedol Sponsor des Langstreckenpokals auf dem Nürburgring und betrieb einen eigenen Renndienst für Privatfahrer. Zuletzt gehörte Veedol zum BP-Konzern, der den Markennamen im Oktober 2011 an Tide Water Oil verkaufte. Das ist eine US-amerikanische Mineralölfirma mit eigenem Tankstellennetz (Marke Tydol seit 1920 und Flying A seit 1932, später Philips 66, heute Texaco).

Von 1952 ist diese Anleitung für den Tankwart, welches Auto welches Öl benötigt. Viscobil *ist »das bewährte deutsche Autoöl«. Die Berliner Marke gehörte schon vor dem Krieg zu* DEA*, und das ist noch heute so.*

Kässbohrer zeichnet für den Kofferauflieger verantwortlich, das Fahrerhaus des Mercedes LP 315 Pullman stammt vom Karosseriebauer Wackenhut aus Nagold, wurde aber werksseitig von Daimler-Benz vertrieben. Unter der Marke Autol *wurden Motoröle und Schmierstoffe angeboten. Sie geht zurück auf den 1855 gegründeten Hannoveraner Schmierstoffhersteller Moebius & Sohn, der sich die Marke* Autol *1901 eintragen ließ. Bis in die 80er Jahre hinein war Autol in Privatbesitz und ging dann an den italienischen Mineralölkonzern* Agip.

Ob kleinere oder größere Reparaturen, ob am Goggo oder am Mercedes L 6600 Schwerlastwagen, der Tankwart konnte helfen. Oftmals taten sich ein Tankstellenbetreiber, ein Mechaniker und ein Karosseriebauer zusammen und gründeten einen Gebrauchtwagenhandel auf dem Tankstellengelände. Der Spengler brachte die Altwagen optisch auf Vordermann, der Mechaniker setzte die Technik in Gang, und schon florierte das Unternehmen.

Blick in die Werkstatt. Tankstellen waren in den 20er Jahren häufig aus »Vulkanisieranstalten« hervorgegangen, und die Wurzeln blieben. Tankstelle und Reifenhändler, das gehörte in den 50er Jahren noch zusammen. Es wurde gewuchtet und geflickt. Zwar gab es bereits 1948 den ersten Radial-(= Gürtel-) Reifen, eine Entwicklung von Michelin auf Anregung von Citroën, aber die 50er Jahre rollten nahezu ausschließlich auf Diagonalreifen. In den 50er Jahren hatten Autoreifen Schläuche. Das war für den Monteur besonders schwierig, weil die Schläuche beim Montieren eingeklemmt werden konnten oder das Luftventil schief saß. Mancher Dorfschmied, der sich Reifenfachmann schimpfte, vulkanisierte einen gelochten Schlauch kalt (also das, was wir heute noch Do-it-yourself mit dem Fahrradschlauch machen) mit Paste und mit Flicken, ohne heißes Vulkanisiergerät. Das ging gut, wenn es draußen kalt war und es konnte gut gehen, wenn es warm war. Wenn es dem Reifen heiß wurde, ging es niemals gut.

Ein Reservekanister war den Deutschen aus Kriegszeiten bekannt, jedes militärische Fahrzeug trug einen. Der Nachkriegsdeutsche sagte dazu »jerry can«, weil die Amerikaner so dazu sagten. Aber es blieb trotzdem ein Reservekanister. Wer eine Isetta fuhr, hatte keinen Platz für einen 20-Liter-Reservekanister. Für ihn gab es, wie auf dem Bild zu sehen, ein kleines Gebinde Esso Extra *Reserve. Blöd bloß, wenn man das leere Döschen nach Gebrauch nicht gegen ein neues austauschte, sondern weiterhin spazieren fuhr. Wir sehen eine 1956er Standard-Isetta im Schnee, bei Kälte und durstig. Dem Piloten ging das Benzin aus, seinen hübschen »*Esso Extra*«-Reservekanister hatte er aufzufüllen vergessen. Ob all dies Unglücks tut er wohl das einzig Richtige: Er macht es sich in seiner Knutschkugel gemütlich und schläft erst mal 'ne Runde…*

Fast schon pittoresk am Motorroller befestigtes Reserveset für alle Fälle: Zweitaktöl und Motorenöl. Wie gut würden sich diese beiden Behältnisse heute als Dekoration in der Garage ausmachen, die einen hübschen 50er-Jahre-Oldtimer beherbergt. Foto: Archiv Braun

Damit verdiente der Tankwart zusätzliches Geld, bevor seine Tankstelle zum Supermarkt mutierte. Maskotten-Abziehbilder mit hübschen Girls, selbstklebend, dauerhaft, gut geeignet für Motorroller, aber auch für jedes automobile Blech – so zeitgenössisch, dass sie heute als Replikat wieder erhältlich sind. Der Prospekt von 1958 bietet 40 Motive der »Paraflex-Abziehbilder nach amerikanischem Vorbild« an, die »besonders farbenprächtig und fast unzerstörbar« sind. Hersteller ist die Firma Hüko (Hübner & Koch) *in Berlin, geliefert wurde in 15-Stück-Sortimentsbeuteln.*

»Ohne Mühe, ohne Plage, Glanz und Schutz für alle Tage« verspricht der Polituhrhersteller Rex *und verwendet das euphemistische Wort »Autokosmetik«.* Rex*-Autopolitur gibt es seit den 50er Jahren, die Marke gehört zur Werner & Mertz aus Mainz, bekannt durch seine Schuhcreme Marke* Erdal *mit dem Froschkönig als Bildmarke. Autopolitur kaufte man ebenfalls an der Tankstelle, aber auch in ganz normalen Ladengeschäften, die sich auf Autozubehör spezialisierten. Die Karosseriepflege war Herrenthema beim Stammtisch, die 50er Jahre erfanden etliche Wundermittel gegen Teerflecken, Insektenleichen, übergeschwapptes Dieselöl und asbesthaltigen Abrieb der Bremsbeläge. Stammtischgespräche drehten sich um Schaumreiniger, Wachse, Chrompolitur und spezielle Reiniger für Weißwandreifen. Im Bild ein* Rex*-Prospekt von 1957.*

Es gab mehrere Möglichkeiten, eine Tankstelle zu betreiben, entweder als Eigentümer oder als Pächter. Die Großtankstellen waren im Eigentum der Mineralölgesellschaften, die Tankwarte deren Angestellte (so genannte Regiestationen) oder der Betrieb wurde an einen Tankstellenkaufmann verpachtet, der als selbständiger Handelsvertreter (Agent) auftrat. Der größte Teil der Tankstellen wurde von einem Tankstellenkaufmann, zum Teil auf gepachtetem Grundstück, errichtet, sie waren also sein Eigentum, wobei die Zapfapparatur von den Betriebsstofffirmen gestellt wurde. Für die Technik der Tankstellen bekamen die Tankwarte einen Rundumservice. Da kam dann regelmäßig der Prüfstandsingenieur mit seinem Werkstattwagen vorbei, hier ein DKW F89L mit spezialkarossiertem Werkstattaufbau in Diensten von Aral*, und wartete oder reparierte die Zapfsäule. Aufnahme vom Juni 1950.*

Tanken im Wirtschaftswunder: Viele Tankstellen für noch mehr Autos

Wartung an der Zapfsäule. Der Prüfingenieur kommt mit dem Hanomag L28, einem hochmodern im amerikanischen Stil gezeichneten, leichten Lastwagen. Auf den ersten Blick war er dem »Weich-Blitz« von Opel zum Verwechseln ähnlich, beider Fahrerhäuser sprachen dieselbe Formensprache. Der eklatante Unterschied saß unter der Haube und war jederzeit hörbar: Der Hanomag hatte einen laut nagelnden, arg vibrierenden aber sparsamen Dieselmotor, der Opel einen samtweich laufenden, aber durstigen Sechszylinder-Benziner, denselben wie der Opel Kapitän.

Derartige Service- und Werkstattwagen kamen nicht von der Stange. Von der Stange kam damals außer dem Pritschenaufbau gar nichts, und selbst der Wunsch nach Spriegel und Plane trieb den Spediteur zum Karosseriebauer. Der typische Aufbau eines Werkstattwagens war ein unverglaster Koffer mit Erhöhung in Dachmitte, die dem Monteur Stehhöhe garantierte und Oberlichtfenster trug. Oftmals stammte die Innenausstattung, also die Werkstatt selber, von einem anderen Ausstatter und nicht vom Karosseriebauer. Diese beiden Aral-Werkstattwagen auf Hanomag-L28-Fahrgestell schuf der Münchner Spezialist Sebastian Schmid.

An der Autobahn: Letztendlich sind Autobahntankstellen, meist an Rastanlagen angeschlossen, auch nicht anders als Tankstellen in der Ortschaft oder an der Bundesstraße. Man bekommt Sprit. Zusätzlich kann man zur Toilette gehen und das Baby wickeln, Fernfahrer können sich rasieren und duschen. Die erste Autobahntankstelle wurde am 1. Mai 1936 bei der Anschlussstelle Darmstadt eröffnet, die erste Autobahnraststätte folgte ein halbes Jahr später bei Triptis in Thüringen. Ab 1951 gab es bei Neubauten Normen, die Zapfanlagen mussten parallel zur Autobahnfahrtrichtung angebracht sein, Pkw links, Lkw rechts der Gebäude. In der DDR wurden sie von der Ostdeutschen Autobahntankstellengesellschaft *betrieben (inklusive* Mitropa-*Raststätten), in der BRD von der* Gesellschaft für Nebenbetriebe der Bundesautobahnen, *seit 1994* Tank & Rast. *Die Preise an Autobahntankstellen waren stets höher als außerhalb der Autobahn, weshalb versierte Fahrer lieber abfuhren und im Ort tankten. Der Service an Autobahntankstellen war nicht vergleichbar mit dem anderer Stationen, und gerade während der Reisesaison kostete das Abfahren weit weniger Zeit als das Anstellen und Warten.*

Normalerweise tanken normale Autos an der Tankstelle. Es gibt freilich auch weniger normale Autos, und die brauchen auch Saft. In Bezug auf den Benzintank gibt es eigentlich keine Standesunterschiede. Es ist schon ungewöhnlich, wenn ein veritabler Rennwagen eine Tankstelle ansteuert. In den 50er Jahren gab es natürlich auch die Boliden der Rennstrecke, die Grand-Prix-Wagen, die auf Renntransportern zum Rundkurs chauffiert wurden. Aber weniger hochgezüchtete Renner hatten durchaus eine Straßenzulassung und rollten auf eigener Achse über öffentliche Autobahnen zur Rennstrecke. Wer Glück hatte, konnte einen echten Rennwagen auf dem Weg zum Einsatzort fotografieren und mit dem Piloten einen Plausch halten. Hier sehen wir einen Glöckler-Porsche beim Tanken an einer Autobahntankstelle.
Foto: Archiv Porsche

Und nochmals ein Porsche beim Tanken an einer ganz normalen Zapfstation, allerdings nicht in Deutschland aufgenommen: ein Porsche 718 RSK an der Tankstelle in Le Mans 1959. Das 24-Stunden-Rennen fand am 20./21. Juni 1959 auf dem legendären Circuit des 24 Heures statt, und der abgebildete Wagen, pilotiert von Hans Herrmann und Umberto Maglioli, schaffte es auf den 34. Rang. Foto: Archiv Porsche

Eine ähnliche Szene: Im März 1959 auf dem Weg zur Rekordjagd in Monza machen zwei Porsche 356 einen Tankstopp in Österreich auf der Anreise zum Motodrom und gönnen sich hochoktaniges Aral *Super.* Foto: Archiv Porsche

Ebenfalls hochprozentige Gäste fanden sich am 18. Januar 1956 in Stuttgart an der Esso-Tankstelle ein. Dort machten die München-Starter der Rallye Monte Carlo einen Zwischenstopp und erlebten eine Nachtkontrolle. Gleichzeitig gab's Nachschub; im Vordergrund ein Renault 4CV. Aus heutiger Sicht ist es bemerkenswert, dass bei der Königin aller Rallyes während der 50er Jahre völlig serienmäßige Fahrzeuge mitfuhren und teilweise sogar auf beachtliche Platzierungen kamen.

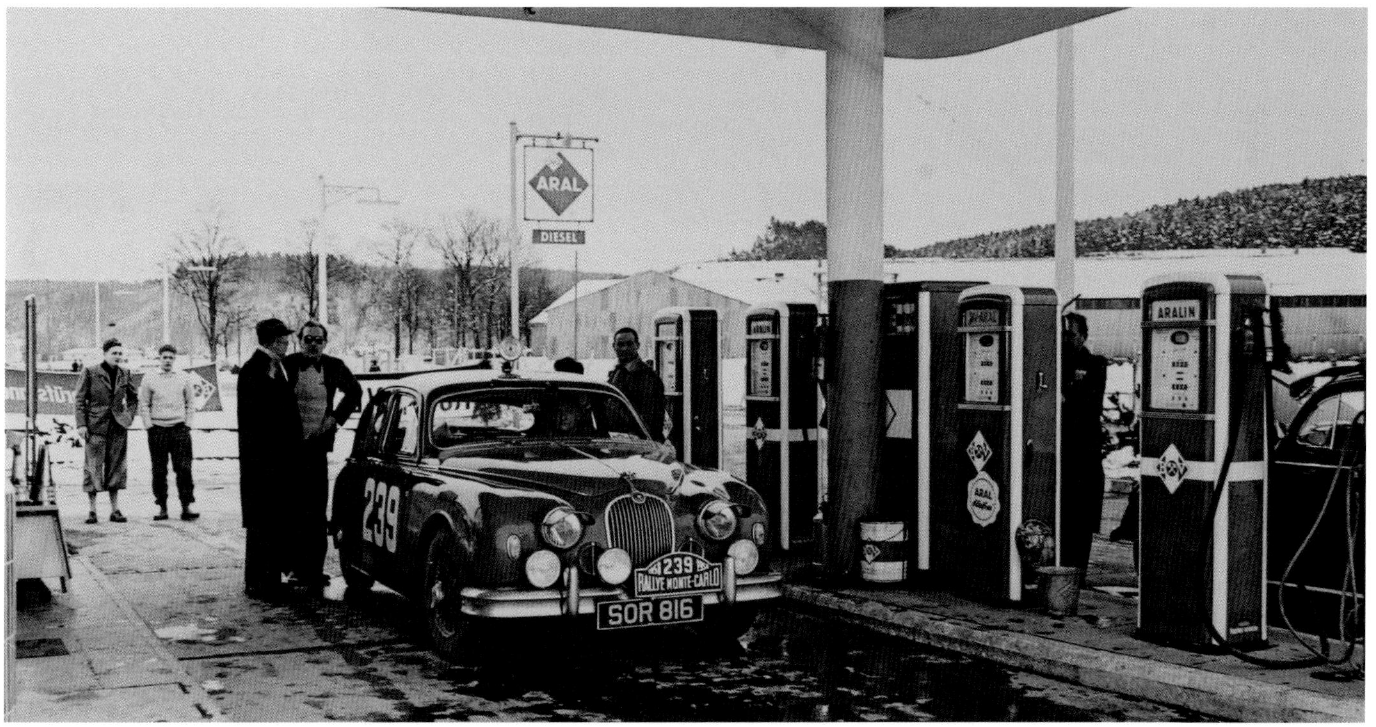

Im Touring-Motel in Tübingen nächtigten die Teilnehmer der Rallye Monte Carlo am 22. Januar 1958, und als sie und ihre Wagen ausgeschlafen hatten, starteten sie die neue Etappe mit vollem Tank, im Bild ein Jaguar 3.8 Litre Mk II.

Tanken im Wirtschaftswunder: Viele Tankstellen für noch mehr Autos

Eine Szene am selben Tag, hier ein zweitaktender Saab 93 als Monte-Carlo-Teilnehmer. Der Wagen trägt noch eine geteilte Windschutzscheibe, ist also nicht ganz neu, sondern Baujahr Dezember 1955 bis August 1957. Die großen, internationalen Rallyeerfolge erzielte nicht er, sondern sein Nachfolger Saab 96.

Wenn gefahren werden muss, wo es keine Tankstelle gibt, und getankt werden muss, wenn keine Zeit ist, um eine zu suchen, wird eben improvisiert: Der Mercedes 190 D absolviert am 11. Dezember 1958 eine Verbrauchs-Rekordfahrt auf dem Hockenheimring, und jede Sekunde zählt. Die Stoppuhr läuft auch weiter, während der Mercedes betankt wird. Daher installierten die Rekordjäger eine Behelfszapfstelle nach alter Väter Sitte: ein Fass, ein Schlauch, eine Handpumpe. Das reichte.

Natürlich ging es auch professioneller. Wenn die Boliden nicht zur Tankstelle kommen konnten, musste die Tankstelle zu ihnen kommen. Also musste sie mobil sein. Und obendrein repräsentativ, denn sie sollte die Visitenkarte des Mineralölunternehmens sein. Eine besonders schöne »Behelfs-Tankstelle« ließ die Deutsche BP *im Jahre 1957 vom Karosseriebauer Kässbohrer erstellen, Chassis und Technik lieferte ein Mercedes O 321 Omnibus. Der grüne, mobile Tankdienst mit weißem Dach verfügte über zwei integrierte Zapfsäulen für Normal und Super und hatte sogar ein ausfahrbares Markisendach zum Schutz des Servicepersonals. Das Foto zeigt den brandneuen Tankwagen auf dem Kässbohrer-Werksgelände.*

Eine Szene im Fahrerlager des 1000-Kilometer-Rennens auf dem Nürburgring am 26. Mai 1957. Die Markise ist ausgefahren, die Schläuche harren des hochoktanigen Saftes, der da durch sie hindurch in die begierigen Tanks der Boliden fließen möge.

In Aktion: Eine Etappe der Rallye Monte Carlo in Süddeutschland am 23. Januar 1958, der BP*-Servicewagen steht für die Oslo-Starter auf dem Weg gen Süden bereit. An der Zapfsäule ein Citroën DS 19, Version Mai 1957 bis Januar 1958. Die Monte Carlo wurde auf ungesperrten, öffentlichen Straßen ausgetragen, rechts im Bild normaler Straßenverkehr mit einem Ford Taunus 12m und einem Volkswagen. Die musste der flotte Citroën nach dem Tankstopp überholen, ohne dabei die Verkehrsregeln zu missachten.*

Kapitel 4:

Deutschland verreist mit dem Auto: Tanken mit Coupons

Reisen, Urlaub, Fernfahrt, Fernweh – das waren Attribute der 50er Jahre. Die Sehnsucht der Deutschen zielte auf »das Land, wo die Zitronen blüh'n«. Schon Goethe legte 1795/96 seiner Figur Mignon aus *Wilhelm Meisters Lehrjahre* dieses Lied in den Mund, und es wurde mehrmals vertont, auch als Kinderlied. 50er-Jahre-Filme, heute als Schnulzen ebenso verschmäht wie geadelt, beflügelten den Wunsch der Deutschen, Urlaub im sonnigen Süden zu machen. Ihre Sehnsucht nach Italien war also tief und lang verwurzelt, und der Wirtschaftswunderwohlstand ermöglichte endlich nicht nur die Automobilität, sondern auch die Reise in den ersehnten Süden. Es gab damals keine kommode Brenner-Autobahn, und Papa musste ebenso wie sein Volkswagen schuften, um die Alpen zu überqueren. Die Wege waren nicht asphaltiert, sondern bestanden aus einer gewalzten Sand-Kies-Mischung, die Steigungen betrugen bis zu 32 Prozent, Haarnadelkurven inklusive. Der luftgekühlte Käfer machte keine Mucken, so manche Luxuslimousine allerdings kochte über. Zu den Ferienzeiten strömten lange Kolonnen über die Alpen gen Süden (und ein paar Wochen später umgekehrt), und wenn sich ein Unfall ereignete und ein Wagen quer stand, so kam diese Kolonne stundenlang zum Stillstand. Und das womöglich bei Eis und Schnee im August. Der Weg in den Süden zum Gardasee, Lago Maggiore oder zum »Teutonengrill« an der Adria war also ein Abenteuer. Der Fremdenverkehr boomte ab Mitte der 50er Jahre. An jeder Trattoria stand geschrieben: »Man spricht deutsch.« Die Brennerautobahn zwischen Innsbruck und Modena wurde in den 60er und 70er Jahren gebaut, und auf den Brennerbasistunnel warten die Urlauber noch heute. Der Gotthardtunnel hingegen, seines Zeichens der längste Tunnel der Welt, wurde bereits 1882 eröffnet. Wen es in den 50er Jahren in Richtung Süden zog, parkte seinen Wagen 15 Kilometer lang auf Transportwaggons und ließ die schneebedeckten Alpenpässe quasi über sich. Weit weniger aufwändig zu erreichen waren die anderen, näheren Urlaubsziele der Wirtschaftswunderdeutschen, Österreich, die Schweiz, die Nordseeküste in Belgien und Holland oder der Ostseestrand in Dänemark.
All diesen Ländern gemein ist, dass sie Ausland sind und dass man dort seinen Wagen betanken muss.
Das ist im Ausland oftmals anders als in der Heimat. Nun tankte man wenigstens in den Urlaubsländern in Litern und nicht in Gallonen, und die Bezeichnungen für »Normal« und »Super« in der jeweiligen Sprache konnte man sich merken. Dennoch bedeutete das Tanken für so manchen Urlauber den ersten oder gar einzigen Kontakt mit Menschen, die in ihrer Landessprache kommunizierten (von wegen »man spricht deutsch«), und weil es noch keine Selbstbedienungs-

Der Brenner: Wer's bis hierher geschafft hat, kann den Gardasee bereits riechen. Oft sahen die Weißwandreifen Schnee auf der Strecke, aber die Hoffnung auf das milde Klima des oberitalienischen Sees mit seinen landschaftlichen Reizen waren Balsam für die Seelen der Ruhrpottgermanen. Das erste, was die Urlauber sahen, war ein gelbes Schild mit einem schwarzen Hund, der jeden Biologielehrer erschaudern lässt. Das Vieh hat sechs Beine und wirbt für Agip. *Im Bild zwei Opel Olympia Rekord Caravan, der Pflichtkäfer und ein Fiat Nuova Millecento von hinten, Aufnahme 1958.*

tankstellen gab, war der Deutsche sogar gezwungen, mit dem italienischen oder flämischen Tankwart zu sprechen. Noch etwas war anders, und das sorgte für viel Stammtischgesprächsstoff: der Benzinpreis. 50 bis 60 Pfennige kostete damals ein Liter Sprit in der Bundesrepublik Deutschland, an Autobahntankstellen waren es rund 5 Pfennige mehr. In Österreich und in der Schweiz war Benzin billiger als hierzulande, weil der Staat eine geringere Mineralölsteuer erhob. In Deutschland zahlte man in den 50er Jahren zwischen 14 und 22 Pfennigen Mineralölsteuer pro Liter Ottokraftstoff (also Benzin) und zwischen 10 und 16 Pfennige pro Liter Diesel. In Italien war der Steuersatz fast doppelt so hoch, was die Urlaubskasse deutlich belastete.

Der Tourismus, hauptsächlich derjenige der deutschen Urlauber, war für das bella Italia der 50er Jahre ein wichtiger Wirtschaftsfaktor. Und so ließ sich die italienische Regierung, namentlich das italienische Fremdenverkehrsamt Enit, das System mit den Tankgutscheinen (»buono benzina«) einfallen. Zur Tourismusförderung wurde der Spritpreis für deutsche Urlauber staatlich subventioniert. Coupon-Heftchen kaufte man bei der ADAC-Geschäftsstelle, bei Banken oder Reisebüros in der Heimat, und bei jedem Tanken wurden sie verrechnet. Das machte die Italienfahrt erträglicher. Allerdings barg es auch einen großen Nachteil in sich, ähnlich wie der Deviseneinkauf für den Urlaub zu Zeiten, bevor es den Euro gab: Der Urlauber musste im Vorfeld bereits abschätzen, wie viel Sprit er in Italien benötigen wird und die entsprechende Zahl an Coupons kaufen. Schwierig und mit

Ein in Erding zugelassener Opel Olympia Rekord '56 auf dem Weg ins gelobte Land, gefolgt von einem Caravan des gleichen Typs, links im Bild ein schmucker Mercedes O 319 Kleinomnibus, und wieder der sechsbeinige Hund, wohl eine Schöpfung des Herrn Frankenstein, der in den Erholungspausen, während er seinen künstlichen Menschen schuf, Tierversuche machte.

finanziellen Einbußen verbunden war die Rückgabe überzähliger Coupons. Doch man konnte sie im Bekanntenkreis weitergeben. Schließlich fuhr jeder mal über die Alpen... Besonders ärgerlich: Zeitweise waren die Gutscheine an bestimmte Reisezeiten gebunden und verfielen danach. Überdies war es so, dass der Rest eines 20-Liter-Gutscheins verfiel, wenn in den Tank nur 15 Liter reinpassten. Das war dann ein wunderbares Trinkgeld für den Tankwart.
Mit den Coupons wurde reichlich Schindluder getrieben. Zum einen wurden sie mannigfach gefälscht, bis sie die italienische Regierung auf richtigem Banknotenpapier bei der staatlichen Druckerei hat erstellen lassen. Zum anderen wurde betrogen. Der deutsche Tourist meldete eine Vier-Wochen-Fahrt nach Sizilien an und erwarb entsprechend viele Coupons. Tatsächlich fuhr er nur zehn Tage an den Gardasee. Dort verscherbelte er seine überzähligen Coupons gewinnbringend an die Einheimischen, die dafür bereits Schlange standen. Denn sie mussten ja zähneknirschend den offiziellen Spritpreis bezahlen.
Die Coupons waren offizielle Papiere, italienisch beschriftet und mit staatstragenden Stempeln versehen, teilweise sahen sie ähnlich aus wie Banknoten. Derartige Gutscheine gab es noch lange, bis in die 70er Jahre hinein. Doch sie wurden immer unattraktiver. Zuletzt hatte man gerade mal zwei oder drei Pfennige Ersparnis pro Liter, und dafür lohnte der Aufwand nicht. Sie sind dann sang- und klanglos verschwunden. Zuvor hatten sie allerdings nochmals eine letzte Hochphase erlebt, und zwar in der Zeit der ersten Ölkrise im Sommer 1974. Damals kostete alleine die Fahrt über den Brenner 40 D-Mark Mautgebühr, dazu kamen Benzinpreise von bis zu 1,20 D-Mark pro Liter Super (im Gegensatz zu rund 90 Pfennigen in Deutschland). Die italienische Regierung reagierte nochmals mit Coupons für deutsche Touristen. Aber die blieben in diesem teuren Sommer weitgehend aus.

Deutschland verreist mit dem Auto: Tanken mit Coupons

Der Bustourismus boomte in den 50er Jahren ebenso wie der Autotourismus, alles eine Frage des Geldes. Dieses Rasthaus an der Grenze auf dem Weg in die Sonne hat Shell *zu bieten, und dazu sicherlich Snacks und Souvenirs.*

Fast schon über den Wolken ist eine kleine BP*-Station »aperto«, der* Opel Rekord A *bekommt Normalbenzin (»benzina normale«), und am Markenmast deutlich zu sehen ist der Hinweis, dass hier Coupons entgegen genommen werden.*

Eine in ein Wohnhaus integrierte Esso*-Tankstelle in den Dolomiten, und selbige präsentieren sich mächtig im Hintergrund. An den Zapfsäulen der Garage Dolomiti ist derzeit nichts los, ein schwarzer Fiat 1100 parkt davor, der Opel Rekord P I rechts im Bild mag einem deutschen Touristen gehören.*

Eine kleine, ländliche Tankstelle in Italien, der Berliner Urlauber in kurzen Hosen gibt seinem Volkswagen 1200 Export von 1957 Saft. Seine Haltung würde heute bedeuten: Er starrt sein Mobiltelefon an. Vor einem halben Jahrhundert und in dieser Situation ist sie anders zu interpretieren: Er zählt seine Coupons. Wieder sehen wir den sechsbeinigen, Feuer speienden Agip-Hund. Agip *ist die Abkürzung für* Azienda Generale Italiana Petroli, *wurde 1926 gegründet und ist die Benzinmarke Italiens schlechthin.* Agip *ist auch in Deutschland, Österreich und in der Schweiz präsent.*

Kurz vor Drüben: Noch sind wir in Österreich, bald aber nicht mehr. Die sonnengelbe Shell*-Muschel lädt die kleine Isetta zum Süffeln ein. Das Londoner Unternehmen Marcus Samuel & Company verwendete 1891 erstmals eine Muschel als Markenzeichen für das Kerosin, das sie nach Indien exportierte. Die Muschel war eine Reminiszenz an Samuels frühere Tätigkeit, den Handel mit Antiquitäten und exotischen Muscheln. Aus der ursprünglichen Miesmuschelschale wurde 1904 die heute noch gebräuchliche Kammermuschelschale. Und »Shell« ist nichts anderes als das englische Wort für »Muschel«. Die Muschel veränderte sich im Laufe der Jahrzehnte, und das heutige Design wurde 1971 eingeführt. Es stammt aus der Feder des bekannten Designers Raymond Loewy.*

Sie gehören zusammen: Der Schlagbaum, die Landesflagge, die Tankstelle. Kein Grenzübergang ohne Zapfsäule. Wir sind auf der österreichischen Seite der deutsch-österreichischen Grenze, und nach der Zollstation ist das erste Anzeichen menschlicher Urbanität eine Shell*-Tankstelle. Der Rest ist Natur pur, schroffe Gipfel. Und natürlich Autos. Wo Menschen sind, sind Autos. In diesem Falle ein Opel Kapitän P 2,6, ein 1958er Volkswagen und ein Auto Union 1000.*

Weniger urban, eher hinter Pfuiteufel gelegen, ist diese Zapfstelle in den Tiroler Bergen. Dorthin hat es einen Citroën 2CV mit Kennzeichen aus Garmisch-Partenkirchen verschlagen. Das Entchen hat Durst, bekommt seinen Saft aber nicht in gewohnter Art und Weise. Der Entenpilot muss sich gefühlt haben, als hätte es ihn um Jahrzehnte zurück versetzt, als er diese Tankstelle vorfand: Ein Holzhäuschen mit Inschrift Benzin, daneben ein paar Fässer, die von Hand bedient werden mussten. Wie im Feld eben, dachte sich der kriegserprobte Deutsche und pumpte los. Foto: Archiv Lück

Deutschland verreist mit dem Auto: Tanken mit Coupons

Über der alpinen Baumgrenze befinden wir uns, in der Schweiz, in ungefähr 2100 Metern über dem Meeresspiegel. Die Tankstelle war wohl mal an eine Marke gebunden, ist es jetzt aber nicht mehr, denn das Markenlogo im Mast fehlt. Mit geöffneter Motorhaube eine Simca Aronde Elysée aus der Bauzeit Oktober 1955 bis Dezember 1956, und der Rest des automobilen Spektrums ist auch interessant. Zu sehen sind zwei typische Saurer Überlandbusse der PTT (Post, Telephon, Telegraphie) in der charakteristischen Lackierung Sonnengelb mit silberfarbenem Dach, natürlich ein Volkswagen, denn -der ist ja überall, zwei Fiat 600 und ein 500 C Topolino sowie ein Willys Jeep MB. Dieser Kriegsjeep ist aber alles andere als serienmäßig. Er wurde zivilisiert und dient dank einer Holzpritsche nun als Nutzfahrzeug.

»Wenn Du in die Schweiz fährst, dann bring' mir eine Stange Zigaretten mit!« Das hörte jeder Nichtraucher noch bis in die 70er Jahre hinein von seinen qualmenden Freunden, denn in der Schweiz kostete eine Stange Zigaretten ungefähr halb so viel wie in Deutschland. Das Foto stammt vom 19. März 1966, und bei Prinz, direkt an der Grenze, kostete eine Stange Ernte, HB oder Peer Export 8 Franken und 40 Rappen. Alle drei Marken gibt es heute noch, aber bis auf HB sind sie kaum mehr im allgemeinen Bewusstsein. HB vergisst man nicht, wegen des jähzornigen HB-Werbe-Männchens Bruno (»Wer wird denn gleich in die Luft gehen?«). Ach ja, und tanken konnte man an der Grenze freilich auch.

Am selben Tag, am selben Ort aufgenommen: Ein Liter Super an der deutsch-schweizerischen Grenze für 36 Rappen, aber der VW 1500 benötigt Normal. In Deutschland kostete der Liter Super damals rund 55 Pfennige, das war 15 Pfennige teurer als in der Schweiz.

Deutschland verreist mit dem Auto: Tanken mit Coupons

Von 1968 stammt dieses Foto einer grenznahen Aral-Tankstelle in der Schweiz. Ein mit Schneeketten wintertauglich gemachter Fiat 124 aus Mannheim mit zwei Paar Schier auf dem Dachgepäckträger bekommt ein Schlückchen Super, rechts im Bild ein Opel Commodore A mit zeittypischem schwarzen Vinyldach. Auf der Zapfsäule rechts ist ein großes »E« zu erkennen. Es steht für Erpag, *und das wiederum ist die Abkürzung für* Erdölprodukte AG Basel. *Diese Firma wurde in den 60er Jahren gegründet als Dienstleister zur gesetzlich vorgeschriebenen Kontrolle und Revision von Tankanlagen. Nach dem Aufkauf durch Aral war* Erpag *exklusiv für den Unterhalt schweizerischer Aral-Tankstellen zuständig.*

Babberich ist ein Dörfchen an der deutsch-niederländischen Grenze und wir sehen eine Aufnahme der dortigen »Raststätte zur Grenze« aus dem Jahre 1957. Fina *ist eine belgische Mineralölmarke, die auch in Holland sehr verbreitet war. Den Namen gibt es seit 2003 nicht mehr, heute* Total.

In der Nähe der Nordsee in Holland steht diese Esso*-Station. Die Zapfsäulen sind in für* Esso *ungewöhnlichem Design gehalten, sie werben für* Uniflo*, der Motorölmarke von* Esso*. Links tanken die Kleinen, ein Mini Deluxe mit Stoßstangenbügeln vor einem Fiat 500, rechts die Großen in Form eines britischen Vauxhall Cresta PB 1962, der* Esso Extra *benötigt. Interessant für die damalige Zeit (um 1965) die farblich unterschiedliche Pflasterung, die Fahrbahnmarkierungen überflüssig macht. In Deutschland lernte man dies erst 15 Jahre später kennen.*

Spätestens in den 70er Jahren, als Selbstbedienungstanken allgemein üblich war, entfiel die Sprachbarriere, die aber gerade im flämisch-sprachigen Holland nie sonderlich groß war. »tank selv« versteht jeder, auch der Fahrer dieses mittlerweile sehr seltenen VW 412 Variant – sofern er ein deutscher Tourist war.

Auch Dänemark war und ist ein beliebtes Reiseziel, für die Norddeutschen liegt es vor der Haustüre, einfach die Jütlandlinie entlang, und wer ein bisschen weiter fährt, kommt nach Schweden. Ein Auto Union 1000 tankt in Schweden BP-Zweitakt-gemisch. In Skandinavien kein Problem. Jeder damalige Saab benötigte das, und wer ein rechter Skandinavier war, der fuhr damals entweder einen viertaktenden Buckel-Volvo PV 444 oder einen zweitaktenden Saab 93.
Foto: Archiv Eckermann

An der linken Zapfsäule gibt es »Bensin« mit »Olja«, also Benzin mit Öl gemischt, genau das Richtige für den Auto Union 1000. Rechts ist »Premium« zu haben.
Foto: Archiv Eckermann

Kapitel 5:

Das hochmobile Jahrzehnt: Zapfkultur in den 60er Jahren

Waren die 50er Jahre ein Jahrzehnt des Aufbruchs, der Neuordnung und der Innovationen in Sachen Tankbetrieb, so ging es in den 60er Jahren eher um Wachstum, Kundenbindung und den Kampf gegen »die Freien«. Wesentliche Veränderungen im Tankbetrieb gab es nicht. Aber alles wuchs. Die Stationen selbst wuchsen, und das Tankstellennetz wuchs noch viel mehr. Auch die Konkurrenz zwischen den Mineralölgesellschaften wurde stärker, ja sogar schroffer. Außerdem begannen die Tankstellen in Bezug auf ihr »Non-fuel-Sortiment« über den Tellerrand hinauszublicken. Erste Anzeichen für die Tankstelle als Vollsortimenter wurden sichtbar. Der Konkurrenzkampf zwischen den Mineralölkonzernen führte zum Setzen von Duftmarken. Dieses Prinzip funktioniert wie beim Hund: Wo einer eine Duftmarke setzt, muss der andere auch hinpinkeln. An Aus- und Einfallstraßen wollte kein Konzern nicht präsent sein, und der Wildwuchs führte dazu, dass es Straßenabschnitte gab, an denen sich eine Tankstelle an die andere reihte. Selbst reine Wohngebiete wurden mit Benzin erschlossen, und wo der gesunde Menschenverstand sagte, »hier braucht doch wirklich niemand eine Tankstelle«, da kam trotzdem eine hin. Und mit jeder wurde Geld verdient. Ende der 60er Jahre gab es in der Bundesrepublik Deutschland 46.000 Tankstellen. Nie zuvor und nie danach waren es mehr.

Das Auto war der zufriedenen Deutschen liebstes Kind und kaum ein Geldbetrag war zu hoch, um es zu unterhalten oder sich ein neues, größeres zu kaufen. Das Wirtschaftswunder der 50er Jahre war zu Ende, die 60er kann man als das saturierte Jahrzehnt bezeichnen. Zwar ging es nicht mehr so steil aufwärts, aber der Wohlstand der Bürger blieb auf einem konstanten, sehr hohen Niveau. Äußerer Ausdruck dieses Wohlstands war das Automobil, das in der »autogerechten Stadt« bequem und halbwegs preiswert bewegt werden konnte und dem lieben Nachbarn bewies, wie gut es einem ging. Der Sprit war billig, Arbeitszeit bezahlbar, ein Spaziergang müßig und mühsam, der Deutsche fuhr, fuhr, fuhr. Er fuhr in die neuen Einkaufszentren auf der grünen Wiese weit vor den Toren der Stadt, er fuhr seine Kinder in die Schule und er fuhr in den großen Sommerurlaub. Am meisten fuhr er aber, um an die Arbeit zu kommen. Gearbeitet hat jeder, es herrschte nahezu Vollbeschäftigung. Die einen lebten in den Wohnsilos der modernen Trabantensiedlungen an den Randbezirken der Städte, die anderen gar im Einfamilienhäuschen auf dem Lande. Die Arbeitsstelle war nicht mehr zentral in der Stadt gelegen, sondern in Industriegebieten weit draußen vor dem Tore – jedenfalls wohnte der 60er-Jahre-Deutsche nicht mehr nahe seiner Arbeitsstelle, und Legende sind die morgendlichen und abendlichen Staus auf den Ein- und Ausfall-

Das hochmobile Jahrzehnt: Zapfkultur in den 60er Jahren

Hier stand dereinst ein Wohnhaus. Nun ist es eine große Aral*-Tankstelle mit angeschlossenem Autohof. Die Garage hinter dem Tankstellengebäude ist sogar zweigeschossig. Parkraum begann in den Innenstädten knapp zu werden, die Investition in die Hochgarage hatte sich bereits in den 50er Jahren gelohnt. Den vermieteten Freiraum an der Tankstelle belegt eine Flotte an Volkswagen Kombis, eine Isetta passiert die Szenerie und prominent in Bildmitte parkt die Bundeswehr mit einem DKW F91/4gl Munga. Die Brandmauer des anschließenden Gebäudes schmückt eine* Valvoline*-Neonwerbung (Motorölmarke aus USA). Für einen Hauseigentümer waren derartige Werbeflächenvermietungen ein gutes Zusatzgeschäft. Für die* Valvoline*-Werbung bekam er rund 150 Mark pro Jahr.*

straßen. Wenn der Motor ob dieser Stressfaktoren Durst hatte oder überkochte oder wenn Vati einen Schwächeanfall oder Nervenzusammenbruch hatte oder nur ein Sandwich oder eine Cola wollte, so war stets eine hell erleuchtete Tankstelle in der Nähe, die ihm und seinem Auto zu Erfüllung und Glück verhalfen. Ein anschwellendes Problem für die Mineralölkonzerne in diesem Jahrzehnt war die Tendenz hin zu freien Tankstellen. Dieser Trend hatte in den 50ern begonnen und war damals keine Gefahr für die Etablierten. Aber zunehmend begannen freie Tankstellenunternehmer, ihren Sprit direkt in Rotterdam zu kaufen oder sie wurden Kunde von Raffinerien, die kein eigenes Tankstellennetz betrieben. Zudem produzierten die Raffinerien teilweise deutlich mehr, als der Markt verkraften konnte. So machten immer mehr freie Tankstellen auf, die den Sprit bis zu zehn Pfennige günstiger anboten als die markengebundenen, und das ärgerte die großen Konzerne. Man sprach von der »weißen Welle«, weil die Tankstellenfarbe der Freien eben weiß war. Die Konzerne reagierten mit Beschimpfungen und Gegenangriff in Form von Werbung darauf. Sie bezeichneten den markenungebundenen Sprit als Dreck (obgleich durch ihre Zapfpistolen genau der gleiche Saft floss), und der Redakteur jener Zeitschrift, in welcher der Mineralölkonzern teure, ganzseitige Annoncen schaltete, übernahm diese Aussage nolens volens in der redaktionellen Berichterstattung.

Nun gehen wir näher heran und sehen die Auffahrt in die zweigeschossige Parkgarage. An der Zapfsäule wird ein Opel Kapitän P 2,6 betankt, hinten parkt ein Goggomobil. Die Aufnahmen stammen von der Lindwurm-Garage in der Münchner Lindwurmstraße und sind vom Sommer 1960.

Und sie warben mit ihrer Qualität. Da Werbung selten Wahrheit ist und rein suggestive Wirkung hat, veränderte sich der Markenkraftstoff nicht, wohl aber dessen Bezeichnungen. Plötzlich gab es mysteriöse neue Namen mit populär-chemischen Anklängen, die dem Kunden verhießen, dass das, was *Esso*, *Aral* & Co lieferten, viel besser sei als der Saft der Freien. Statt Normal und Super hieß der Saft nun *Plus 08* und *Super-Mix* (*BP*), *E 54* (*Esso*), *AMR* (*Aral*) oder *Plattformat* (*Shell*), das 1963 sogar zum *Super-Plattformat* gesteigert wurde. Dennoch konnten die Freien ihren Marktanteil während des Jahrzehnts von rund fünf auf immerhin 15 Prozent steigern. Sehr gesteigert hatte sich auch der Kraftfahrzeugbestand Westdeutschlands, nämlich verdoppelt: von acht Millionen Autos 1960 auf 16 Millionen zehn Jahre später.

Dann war da noch das »Phänomen *Jet*«, die Alternative zu den Freien schlechthin und bis heute eine feste Größe im Markenreigen. *Jet* wurde als Marke etabliert, bewegte sich aber auf dem Preisniveau der Freien. Die Idee kam – natürlich! – aus den USA. Die *Continental Oil* (*Conoco*) etablierte sich in Deutschland mit der längst vergessenen Marke *Sopi*, die bald auf *Jet* umgestellt wurde und die Anfahrstelle der preisbewussten Autofahrer wurde. Andere unabhängige Ölfirmen aus den USA taten das gleiche in Deutschland wie die *Conoco*, aber sie scheiterten mit ihren Marken *Oxy*, *Frisia* oder *Adler*.

Das hochmobile Jahrzehnt: Zapfkultur in den 60er Jahren

Frontaler Blick auf die Lindwurm-Garage. Eine Borgward Isabella mit Dachgepäckträger verlässt das Grundstück, gefolgt von einem Opel Olympia Rekord. Im Hintergrund parken ein Ford Weltkugel-Taunus links und ein Ponton-Mercedes rechts. Von rechts kommt ein '56er Weltkugel-Taunus angefahren, und ein Barock-Taunus Turnier streckt seine Heckflossen ins Bild. Damit hätten wir das wichtige und alltägliche automobile Spektrum zum Jahrzehntewechsel vereint. Fehlt nur ein Käfer. Das ist ungewöhnlich.

Hochbezahlte Werbestrategen ließen sich immer neue Sprüche einfallen, und bald zerrte die Benzinwerbung an den tiefsten, emotionalen Gründen des homo automobilis, in dem sie an seine Gefühle appellierte: »Autos lieben *Shell*«. Unvergessen bleibt der legendäre und international gebrauchte *Esso*-Slogan »Pack den Tiger in den Tank«; harmlos dagegen das *Aral*-Maskottchen *Aralbert*, das heute keiner mehr kennt. Auch Kinder wurden missbraucht. Ihnen schenkten die Mineralölkonzerne kleine Gaben, die – wie sollte es anders sein – nach dem Sammelprinzip funktionierten. Bei *Aral* gab es Din-A-3-Plakate mit Oldtimer-Motiven zum Sammeln, bei *Shell* silberfarbene Münzen mit aufgeprägten Autos oder Sportlern. Die Buben sammelten und tauschten untereinander, und Papa wurde gezwungen, der Marke treu zu bleiben, weil dem Filius noch ein paar Motive fehlten. Auch die Großen wurden miteingebunden, sie durften rubbeln und gewinnen oder bei *BP* sogar Lotto spielen. Selbstverständlichkeiten wie der Service rund ums Auto, die Werkstattpflege oder die Wagenwäsche wurden werbewirksam überhöht und zum »Systemservice« geadelt, gleichzeitig wurde die Zapfstation zum Supermarkt für jegliches Autozubehör. Und die Deutschen rannten hin und kauften, kauften, kauften. Tankstellen-Werkstätten wurden zu Ersatz-Kundendienststationen, weil die Autohäuser mit den vielen Autos überfordert waren und an ihre Kapazitätsgrenzen stießen. Es klang ja auch verlockend, wenn *Aral* den »Wartungsdienst« versprach und *Gasolin* das Ganze sogar zur »Pflegeinspektion« adelte.

Schön inszenierte, nächtliche Aufnahme einer Esso*-Station im März 1963. Nichts an dieser Aufnahme ist dem Zufall überlassen, der Profifotograf hat ganze Arbeit geleistet. Alle Lampen brennen, Pflegehallen und Kassenraum sind hell erleuchtet, auch die Scheinwerfer des Opel Rekord P I Caravan sind eingeschaltet. Kein Mensch ist unterwegs, damit es keine Bewegungsunschärfe gibt. Denn für ein derartiges Bild braucht es eine lange Belichtungszeit.*

Das verchromte »FK-1000«-Emblem oberhalb des Kühlergrills am Ford Lieferwagen verrät ein frühes Fahrzeug. Ford lieferte die Transporter auf Wunsch nur grundiert aus, sodass Lackierer vor Ort den Kundenwünschen nachkommen konnten. Die Redaktion der Illustrierten Quick *saß in München, und ihre Flotte lackierten die Zentralwerkstätten Hans Hanauer, auf deren Firmengelände der FK 1000 zwischen zwei Engländern flaniert, links ein winziger Austin A 35, rechts ein umso potenterer Austin-Healey 3000, der seinen Durst soeben mit hochoktanigem und verbleitem* Gasolin *stillt. Beachtenswert ist die kleine Kanne direkt neben dem Ölkabinett. Selbst sie ist in den* Gasolin*-Hausfarben lackiert. »Corporate Identity« lautete das Schlagwort, und es gibt auch ein deutsches Wort dafür, nämlich »einheitliches Erscheinungsbild«. Aber so sagte natürlich schon damals niemand.*

Das hochmobile Jahrzehnt: Zapfkultur in den 60er Jahren

Eine Caltex-*Tankstelle Anfang der 60er Jahre, und über den Hersteller des Wagens, der seine Front links im Bildrand zeigt, die Isabella, sprach man damals viel in Deutschland. Borgwards Pleite, die sich im Nachhinein als Nicht-Pleite herausstellte, war in aller Munde. Auch hier ist wieder die Zweiklassen-Tankgesellschaft offenbar. Super und Normal tanken die feinen Leute unter Dach, Diesel und Zweitaktgemisch gibt es links vom Kassenhaus im Freien.*

Hier wird jeder nass, der bei Regen tankt. Ein geradezu lächerliches Dächlein soll die Zapfanlagen vor den Unbillen der Natur schützen, was aber nur gelingt, wenn leichter Regen bei Windstärke Null fällt. Die Shell-*Station ist einem Opel-Händler angeschlossen. Ein Rekord P II fährt ab, im Ausstellungsraum ist sein Nachfolger, ein Rekord A, zu sehen. Aufnahme März 1965.*

Zwischen den Häusern, also mittendrin, war die automobile Infrastruktur. Auf diesen Grundstücken hätte man genauso gut eine Wohnbebauung errichten können. Das zeigt, wie immens wichtig das Tanken in der Stadt war. Den Grund mit der Aral-Tankstelle teilen sich ein Alfa-Romeo- und ein Opel-Händler. Ein elegantes Rekord C Coupé wartet mit offener Haube auf eine Kleinigkeit, diverse ältere Rekord und Kadett warten ihrerseits als Gebrauchtwagen auf neue Herren. Am Straßenrand warten ein BMW 1600 oder 1800 sowie ein acht Jahre alter Ford Taunus 17m P2, bis ihre Parkzeit zu Ende ist. Was sind heute acht Jahre im Leben eines Autos? Die stilistische Veränderung, gerade bei Ford und bei Opel, verlief in den 60er Jahren so rasend, dass der gute 17m anno 1968 den automobilen Stellenwert eines Dinosauriers einnahm. Aufnahme in der Grünwalder Straße in München.

Der Commodore GS läutete zusammen mit dem Rallye Kadett und dem GT den Imagewandel bei Opel ein, weg vom Auto für Hosenträger und Hut tragende Spießer hin zu sportlich-ambitionierten Dynamikern. Von diesem, damals mühsam erworbenen neuen Renommee ist Opel heute wieder meilenweit entfernt. Shell Super gönnt sich ein Opel Commodore GS (2,5 Liter, 130 PS, 180 km/h schnell), eine viertürige Limousine mit schwarzem Vinyldach und Sportstahlfelgen im Rostyle-Look. Es gab eine noch potentere Version, den GS/E mit Bosch-Einspritzung statt Doppelvergaseranlage, der hatte sogar serienmäßig einen kleinen Frontspoiler, kam auf 150 PS und schaffte Tempo 192. Er war meist rot und hatte eine schwarze Kriegsbemalung. Es ist kaum zu glauben, dass Opel so faszinierende Autos gebaut hat. Aber es ist auch 45 Jahre her.

Das hochmobile Jahrzehnt: Zapfkultur in den 60er Jahren

Das letzte Jahrzehnt für Gasolin, *diese traditionsreiche Marke, die fast jeder Deutsche kannte – auch führerscheinlose Hausfrauen kannten* Gasolin *und* Aral. *Seit 1961 war* Aral *zu 91 Prozent an* Gasolin *beteiligt, und 3500 Tankstellen verkauften die rot-weiße Marke während der 60er Jahre. Sie lebte bis August 1971, dann wurde auf* Aral *umgeflaggt. Der Name* Gasolin *wurde nach der Wende 1989/90 revitalisiert, einige* Aral*-Tankstellen hießen in den Neuen Bundesländern wieder so. Es war eine kurze Wiederbelebung, doch zwei* Gasolin*-Stationen gibt es noch aus Gründen des Markenschutzes. Die Aufnahme mit dem Wohnsilo im Hintergrund entstand zwischen 1963 und 1967, denn 1963 erhielt das Markenzeichen einen roten, rechteckigen Rahmen, wie hier zu sehen, und 1967 wurde auch der Schriftzug rot, wie hier nicht zu sehen.*

Schöne neue Zeit. Das Opel-Autohaus Schnabel im hessischen Obertshausen ganz im Stile der Mitt-60er-Jahre. Der im typischen Kassenhäuschen-Stil halbrund gehaltene Tankstellen-Verkaufsraum ist das einzig Runde in diesem mit dem Lineal konzipierten Zweckbau. Betankt wird ein Käfer, und auf das Areal hat sich ein Simca 1300 verirrt (ganz rechts). Ansonsten naturgemäß total veropelt.

An derartigen Bauten sieht man, wie gut die Geschäfte der Autohändler in den späten 50er und während der kompletten 60er Jahre hindurch liefen. Die Herren Anton Reich und Thomas Niedermair, gemeinsam Inhaber des Ford-Autohauses Niedermair & Reich in München, fingen mit einer Tankstelle an. 1957 klotzten sie diesen Prachtbau inklusive Hotel an die Landsberger Straße, Verkaufsräume, Werkstatt, Pflegestation und Aral*-Tankstelle. Aufnahme Ende der 60er Jahre.*

Zu einem ordentlichen VW-Händler gehörte eine Tankstelle, und bevor jeder VW-Händler auch Audi-Händler war, war er, wenn er sich qualifizierte, sogar Porsche-Händler. Besonders nett ist das VW-Männchen, das an die Wand gepinselt wurde, das VW-Logo als Kopf und ansonsten in dienstbarer Haltung. Aufnahme von 1969, als auch der VW Typ 3 die Kastenrahmenstoßstangen bekam. Der Käfer hatte sie bereits zum Modelljahr 1968 erhalten. Foto: Archiv Porsche

Mit der Kadett-Karavane leistete Opel unter eingefleischten VW-Fahrern im Sommer 1962 viel Überzeugungsarbeit. Das war mehr als ein neuer Rekord oder Kapitän. Das war ein Opel in der vom VW dominierten Fahrzeugklasse, in welcher Opel zuvor nicht präsent war. Vor der Caltex-*Tankstelle des Münchner Opel-Händlers Häusler startete die Flotte an Kadett A, um Kunden zu fischen.*

Nach wie vor fand sich mitten in der Stadt, zwischen Wohnhäusern, Ladengeschäften, Hotels oder Gaststätten, unvermittelt eine Tankstelle. Aufnahme im Februar 1967 in der Senefelder Straße in München, direkt beim Hauptbahnhof.

Je mehr der Zapfsäulenbereich in die Breite ging, desto größer musste die Überdachung werden. Konventionelle Bauten mit vier Pfosten, an jeder Seite einer, würden zwar die Stabilität eines Flachdachs garantieren, aber sie wären den rangierenden Autos im Weg. Es blieb bei der mittleren Abstützung. Die Dächer mussten V-förmig werden, aus Gründen der Statik, aber auch, damit das Regenwasser kontrolliert abfließen konnte. Ein Porsche 911 fasst Luft, im Vordergrund Teile eines Ford P5.

Wieder Teile eines Ford P5, diesmal ein paar Teile mehr im Bildausschnitt. Wir sind im Umfeld des Nürburgrings in der Eifel und sehen eine V-förmig modern überdachte Esso*-Station und ein paar typische automobile Vertreter des Sommers 1968, als dieses Foto aufgenommen wurde: ein schickes Opel Rekord Coupé mit Vinyldach und Weißwandreifen, einen familiären VW 1600 Variant, einen bürgerlichen Audi 60 und natürlich einen VW Käfer. Es ist ein VW 1300 A, der ehemalige VW Standard, und seine zweifarbig in Schwarz und Elfenbein lackierten Felgen identifizieren ihn als Jahrgang 1966/67.*

Corporate Identity: Kein Jota bleibt dem Zufall überlassen. Auszug aus den von Esso *herausgegebenen Richtlinien für die Spediteure von 1965. Auf den Millimeter genau muss die Markenlackierung ausgeführt sein. Das Bild zeigt einen stilisierten MAN Kurzhauber.* Foto: Archiv Holl

Romantische Szene, eine Harmonie in Blau. Betankungsvorgang eines Volkswagen 1200 Cabriolets von 1962 vor schönen Fachwerkhäusern, gezapft wird die blaue Marke, und sogar der VW 1500 Stufenheck im Hintergrund ist blau.

Eine eher ländliche Aral-*Tankstelle eines Opel-Händlers anno 1965, der frisch betankte Wagen ist ein Rekord P II. Das Schild im Vordergrund verweist auf* Mobiloil, *das Motorenöl der gleichnamigen, amerikanischen Benzinmarke* Mobil Oil, *die Teil der* Standard Oil Company of New York *war und eine deutsche Tochter hatte, die* Deutsche Vakuum Oil Company, *die seit 1955* Mobil Oil *heißt.* Mobil Oil *hielt einen Teil des Aral-Grundkapitals.*

Das hochmobile Jahrzehnt: Zapfkultur in den 60er Jahren

1961 wurde aus Aralin *das Aral-Benzin, und aus dem bisherigen* Aral *wurde* Aral-Super, *welches ab 1963 verbleit wurde, um die Klopffestigkeit zu erhöhen. Zum BV-Aral-Verband gehörte während des gesamten Jahrzehnts auch die Marke* Gasolin. *An dieser Tankstelle ist zu sehen, dass sie erst nachträglich einen großzügig überdachten Zapfsäulenbereich erhielt, denn das kleine Dächlein direkt über den Säulen ist noch vorhanden. Sie sind also doppelt abgeschirmt gegen Unheil von oben. Aufnahme im Winter 1965/66 in Rosenheim.*

Auch an dieser Aral-*Tankstelle anno 1962 wird Motorenöl von* Mobil Oil *ausgeschenkt. Das Opel Rekord P II Coupé war damals nicht nur brandneu (Produktionsanlauf August 1961), sondern auch die erste Opel-Sonderkarosserie, die, quasi als Nischenprodukt, bei Opel direkt ab Fließband zu haben war. Damit grub Opel zwar der Karosseriebauzunft das Wasser ab, lockte aber eine neue Klientel in die Ausstellungsräume: Wer ein individuelles Fahrzeug in Großserienqualität und mit professionellem Opel-Service wollte, wurde nun fündig. Ford benötigte immerhin drei Jahre, um mit dem Taunus P5 Coupé zu reagieren.*

Eine lange Ausfallstraße in München, die Verdistraße durch Obermenzing, führt direkt zur Autobahn A8 in Richtung Stuttgart. Wer aus Stuttgart kommend nach Salzburg wollte, quälte sich über die Verdistraße quer durch München, bevor es einen Autobahnring, die A 99, gab. Die Verdistraße war gespickt mit Tankstellen, jede Marke war vertreten, damit die Fernreisenden nochmals den Tank füllen konnten, bevor sie auf die Autobahn auffuhren. Das Foto stammt von 1962 und die Verdistraße war damals noch zweispurig. Sie war bis in die 70er Jahre hinein eine der meist befahrenen innerstädtischen Straßen Deutschlands, auch wenn momentan nicht viel los ist.

Den Diesel bot die Esso*-Station nur für markenfremde Tankstellenbesucher an. Die Tankstelle gehört zum Opel-Autohaus, aber einen Opel mit Dieselmotor gab es nicht. Selbst der populäre Blitz Lastwagen musste bis Ende der 60er Jahre mit dem 2,6-Liter-Sechszylinder aus dem Opel Kapitän auskommen und verlor aus Wirtschaftlichkeitsgründen immer mehr Käufer. Spät, viel zu spät, reagierte Opel auf den Markt und verbaute einen französischen Zukauf-Diesel im Blitz. Da waren die Kunden längst auf ein anderes Fabrikat umgestiegen. Aufnahme von 1967, zu sehen sind ein Kapitän P 2,6 (1959 bis 1963), ein ziemlich junger Rekord C, und rechts streckt ein Rekord P II seine doppelten Rücklichter ins Bild, die im Volksjargon aufgrund ihrer Form liebevoll »Teenager-Busen« genannt wurden.*

Das ländliche Autohaus mit Tankstelle blieb bestehen, auch noch in den 70er Jahren, als Selbsttanken angesagt war. Szene von einem Opel-Händler im schwäbischen Denkendorf bei Esslingen, und das ist bei Stuttgart. Ganz neu war 1963 der Rekord A, und auf seiner Heckscheibe steht werbewirksam geschrieben »Der neue Opel«. Vor dem Haus steht ein zweiter, und er demonstriert in direkter Nachbarschaft zu seinem Vorgänger Rekord P II (links), wie sich die General-Motors-Konzernspitze einen modernen Wagen vorstellte: als geschrumpfte Kopie des in den USA erfolgreichen Chevy II. Foto: Archiv Braun

»Bitte läuten«, steht auf dem Schild, und der Käferfahrer betätigte die Klingel. Da kommt er aus der Werkstatt geschlurft, der Meister, und bedient den Käfer und seinen Besitzer. Er trägt eine grüne Latzhose, denn er verkauft BP. *Das Kürzel* BP *stand ursprünglich für* British Petroleum, *heute will es der Konzern als Akronym für »Beyond Petroleum« (»mehr als Benzin«) verstanden wissen. Die Ursprünge sind deutsch, 1904 in Berlin gegründet, und zwei Jahre später gab es eine englische Tochtergesellschaft, die nach Ausbruch des Ersten Weltkriegs beschlagnahmt und verstaatlicht wurde. In Deutschland wurden aus der* OLEX *und der* DPAG *die BP Olex, die nach dem Zweiten Weltkrieg nurmehr als* BP *firmierte. 2002 übernahm BP die* Veba-Oil *und damit auch deren Tochter* Aral. Aral *ist heute nur noch die Tankstellenmarke der* BP *in Deutschland und mit 22,5 Prozent Marktführer.* Foto: Archiv Braun

Das BP-Zeichen in der hier sichtbaren Form hatte seine Gültigkeit zwischen 1946 und 1962, das Logo ist durch Buchstaben mit Serifen gekennzeichnet. Aufnahme 1962, ein Opel Kapitän P 2,6 verlässt die Tankstelle.
Foto: Archiv Braun

Dieselbe BP-Tankstelle mit dem angegliederten Opel-Haus. Neuwagen im Freien, eingeschneit und im Acker abgestellt. Das würde heutige Autokäufer eher abschrecken, war bei kleinen Händlern aber gang und gäbe. Hier frieren acht Rekord A und drei Kadett A und hoffen auf einen verständnisvollen Käufer mit beheizter Einzelgarage.
Foto: Archiv Braun

Das hochmobile Jahrzehnt: Zapfkultur in den 60er Jahren

Trotzdem ab Mitte der 60er Jahre der Trend zur Großtankstelle mit Selbstbedienung ging, huldigten nicht alle Tankstellenbetreiber dem Fortschritt. »Meine Kunden wollen Service«, wusste der Inhaber, denn er kannte sie. Am NSU/Fiat Jagst, der deutschen Ausgabe des Fiat 600, wird gerade der Ölmessstab herausgezogen. »Obenöl, der Herr?« fragte damals niemand mehr, denn sowohl Normal als auch Super wurden immer höheroktaniger und besser.

Nebenerwerbstankstelle: Kleine, ländliche Zapfstation Anfang der 60er Jahre, ein paar Mal am Tag fährt ein Auto vorbei und will trinken. Vati arbeitet in der Fabrik, Mutter Apollonia macht den Haushalt. Wenn ein Kunde vorfährt, so muss er klingeln, Mutti schaltet das Bügeleisen aus, steckt den großen Tankstellen-Geldbeutel ein und kommt gemütlich zur Zapfsäule. Man kennt sich, ein Plausch von Frau zu Frau, während das Benzin in den Tank des Glas Isar T 700 fließt. Es war nicht viel los, aber auch nicht viel Arbeit. Oftmals änderte sich der Benzinpreis wochenlang nicht. Das Preisschild am Mast musste Apollonia von Hand wechseln. Unter dem Zigarettenautomat ist der alte Gasolin-*Slogan der 50er Jahre zu lesen: »Nimm Dir Zeit – und nicht das Leben.« Er wurde zum geflügelten Wort.*

Der Glas, landläufig als »großes Goggomobil« bezeichnet, trägt nette Stoßstangenbügel, ein Zubehörteil. Als Tankwartsfrau musste man technisch versiert sein und durchaus in der Lage, eine Glühbirne zu wechseln oder einen Keilriemen zu spannen. Man musste gestrandete Urlauber auf den rechten Weg führen und sollte immer nett und freundlich sein. Man wusste Bescheid über das Neueste am Ort, man bekam es zugetragen und trug es weiter. Familiär eben.

Eine spannende Kindheit hatten die Kleinen des Tankwarts, vor allem die Buben. Sie kannten alle Autotypen und erkannten die Wagen teilweise bereits am Motorengeräusch. Eine Tankstelle war ein kleiner Abenteuerspielplatz, vor allem wenn eine Werkstatt angegliedert war und ein paar Schrottautos im Hinterhof herumstanden.

Die Gasolin-Kinder von der Tankstelle nebenan. Sie waren viel im Freien, und ab einem gewissen Alter durften sie auch mal selbst zapfen. Im Schaufenster sehen wir ein Plakat mit einem Furcht einflößenden, schwarzen Geist und der Aufschrift »Der Unfall lauert überall«, außerdem sind Politurmittel von Rex zu sehen und eine Blaupunkt-Werbung. Offenbar hatte sich der Inhaber darauf spezialisiert, Autoradios einzubauen. Zigaretten gab es auch, einen Cola-Automat und Gummibärchen als Reiseproviant.

Die Inhaber kleiner Stationen hatten Zukunftsangst. Zwar stieg die Zahl der Stationen in den 60er Jahren immer weiter an. Aber die Zukunft gehörte den Unternehmern, den Tankstellenkaufleuten, die zugleich Manager einer großen Station und Arbeitgeber waren. Besorgt fragten sich die Kleinen, ob sie sich in der Selbständigkeit halten könnten. Sie waren technisch versiert und konnten ihren Job aus dem Effeff. Aber kaufmännisches Geschick hatten sie zumeist nicht.

Er freut sich. Es war ein guter Tag, die Einnahmen stimmen. Genügend Sprit verkauft, auch der kleine Laden machte gute Umsätze, zwei reparierte Autos und ein auf Hochglanz gebrachter Porsche wurden gegen Barzahlung abgeholt. Da lässt er sich sein Zigarettchen schmecken. An der Tankstelle rauchen – der Chef darf das. Jeder andere wäre davon gejagt worden.
Foto: Archiv Braun

Das hochmobile Jahrzehnt: Zapfkultur in den 60er Jahren

Wenn ein Tankwart bescheiden war und das unternehmerische Risiko einer Großtankstelle scheute, so konnte er doch rund um die Tankstelle noch Gebrauchtwagen verkaufen. Foto 1965, das Shell*-Kassenhäuschen sieht für damalige Verhältnisse ziemlich ärmlich und heruntergewirtschaftet aus, im Hintergrund ein Neubau, vor ihm ein älterer Ford FK 3500 V8 als Getränkelastwagen mit vielen Flaschen Coca Cola, und im Vordergrund die aufpolierten Gebrauchtwagen: rechts ein Opel Rekord P II, besser zu sehen sein Vorgänger, der Panoramascheiben-Rekord. Er war Ende der 50er Jahre topmodisch, und seine Crux war die einer jeden Mode: Kurze Zeit später war er völlig aus derselben und niemand konnte und wollte ihn mehr sehen.*

Eine moderne Aral*-Anlage anno 1966 mit angeschlossenem Mehrzweckbau: unten die Wagenpflegehalle, oben das Domizil des Tankwarts mit seiner Familie. Er handelt mit sichtlich gepflegten Gebrauchtwagen, und wir erspähen von links nach rechts: Opel Kadett A, Volkswagen 1500 Typ 3 Stufenheck, Opel Olympia Rekord P I Caravan, Ford Taunus 12m (Dezember 1957 bis August 1959, die letzten Modelle mit der Weltkugel) und ein frontgetriebener Taunus 12m P4.*

Ein früher Billigheimer: Georg von Opel gab an seinen 1956 von Frankfurt/Main ausgehend und bald über ganz Deutschland verbreiteten Volkskraftstoff-*Tankstellen den Sprit bis zu acht Pfennige unter dem Normalpreis ab. Sein Werbeslogan lautete »Kein Unterschied – nur billiger«. Sofort machte er sich die Etablierten zum Feind, die ihm den Spruch mit der Begründung, es sei vergleichende Werbung, gerichtlich verbieten ließen. Ebenfalls vor Gericht zogen sie, als von Opel an seinen* Volkskraftstoff-*Stationen kostenlose Waschplätze zur Verfügung stellte, was sie als »unlautere Zugabe« interpretierten. Die Konzerne zerbrachen sich die Köpfe, wie von Opel sich die Billigpreise leisten konnte und schickten Spione aus. Diese konnten belegen, dass von Opel seinen Sprit aus der DDR bezog, was vor dem Mauerbau durchaus möglich war. Das bundesdeutsche Kartellamt intervenierte, der Mauerbau 1961 tat sein Übriges, und von Opels 158* Volkskraftstoff-*Tankstellen siechten noch einige Zeit vor sich hin, bis er sie im Herbst 1969 an die* Conoco *verkaufte, die in Deutschland zuvor mit der Billigmarke* Sopi *vertreten war. Mit dem bestehenden* Sopi- *und dem dazu gekauften* Volkskraftstoff-*Tankstellennetz begründete* Conoco *in Deutschland den Erfolg von Jet.*

Das hochmobile Jahrzehnt: Zapfkultur in den 60er Jahren

Wie in alten Zeiten, eine Szene aus tiefster österreichischer Provinz. Zapfsäulen unterschiedlichen Alters und unterschiedlichen Stylings bieten unterschiedlichen Kraftstoff zu unterschiedlichen Preisen an, und das Tag und Nacht. Der Fahrer des Mercedes 200 macht einen Großeinkauf. Er hat voll getankt und auf dem Dachgepäckträger lagern zwei sicherlich volle 20-Liter-Kanister. Der Wagen hängt hinten tief in den Federn. Rein spekulativ ist es, dass sein Kofferraum mit vielen, vielen 20-Liter-Kanistern gefüllt ist. Und der Kofferraum dieser Mercedes-Generation war so groß wie kein Mercedes-Limousinen-Kofferraum zuvor und danach!

Wer keine Zeit hatte, tankte an der Autobahn. Benzin war hier stets deutlich teurer als abseits der Fernstraße, und wie viel es kostete, wusste man zuvor nicht. Denn einen Preismast gab es nicht. Service auch nicht. Freundlichkeit auch nicht. Warum auch? Die Wahrscheinlichkeit, dass der Kunde wieder kommt, war wesentlich geringer als bei der Dorftankstelle in Buxtehude. Die Aufnahme ist von 1968, vorne in der Reihe ein VW 1600 L Variant, dann ein moosgrüner, ziemlich neuer Renault 4 und ein elegantes VW Karmann Ghia Coupé, ebenfalls sehr aktuell. Den 1500er-Motor mit 44 PS gab es ab Modelljahr 1967, gepaart mit vorderen Scheibenbremsen, Zweikreis-Bremse und neuem Armaturenbrett.

Deutschland war und blieb Käfer-Land, das ganze Jahrzehnt hindurch. Wir sehen eine Autobahntankstelle zwischen Salzburg und München, im Spätsommer 1963. Es ist Rückreiseverkehr, man kehrt aus bella Italia zurück. Erst ab Jahrgang 1967 bekam der VW einen von außen zugänglichen Einfüllstutzen, bei jedem Käfer zuvor musste man die vordere Haube öffnen. Das ist zugleich der Kofferraum, und zur Urlaubsfahrt wurde kein Zentimeter Raum verschenkt. Wie ärgerlich war es, wenn beim Tanken ein Tropfen (oder ein Schwall) Benzin auf die Reisetasche schwappte. Diese Szene ist total verkäfert, und der einzige Nicht-Käfer steht links an der Zapfsäule, ein Ford Taunus 17m P2, der Barock-Taunus, schon etwas aus der Mode. Es ist ein Standard-Modell, denn er ist einfarbig.

Das ist die vollkommene automobile Infrastruktur der 60er-Jahre. Ein ADAC-Hotel wurde vom ADAC empfohlen und war im ADAC-Reiseführer enthalten. Weil fast jeder Deutsche Mitglied war und sich von der örtlichen Geschäftsstelle die Reiseroute gen Süden planen ließ, war es für den Hotelier von Nutzen, sich mit dem ADAC gut zu stellen. Wir sehen ein ADAC-Informationshäuschen, eine BP-Zapfstelle sowie einen Opel Rekord P II Lieferwagen im Dienste des ADAC. Ein relativ seltener Straßenwacht-Wagen, die Mehrzahl waren VW Käfer. Doch deren Transportvermögen an Ersatzteilen und Werkzeug war beschränkt, in den Opel passte deutlich mehr hinein.

Das hochmobile Jahrzehnt: Zapfkultur in den 60er Jahren

Eine urige Szene, Almabtrieb in Visp im Schweizer Kanton Wallis. Die Touring-Garage ist beidseitig der Straße präsent, man konnte bequem tanken, egal in welche Richtung man wollte. Bereits den kleinen Rombus im Grill trägt die Ludwigsburger Borgward Isabella, also Baujahr nach August 1958. Als sie 1966 in Visp Urlaub machen durfte, war der Borgward-Konzern längst untergegangen.

Viel Schnee im März 1963 in Zürs, dem Wintersportort in Vorarlberg. Auch Martha *ist tief verschneit. Martha ist eine österreichische Benzinmarke der staatlichen Mineralölverwaltung* ÖMV. Martha *geht auf die österreichische Filiale der deutschen* Nitag *zurück, die 1945 von den Sowjets enteignet und 1955 an Österreich zurückgegeben wurde. Doch der österreichische Staat behielt die Mineralölfirma und gab sie nicht dem früheren Eigentümer zurück. 1956 gründete der Staat die* ÖMV *mit den Marken* Martha *und* Aral. Martha *war dafür bekannt, ziemlich stark zu riechen. Es wurde aus russischem Erdöl gewonnen.*

Das hochmobile Jahrzehnt: Zapfkultur in den 60er Jahren

Noch mehr Schnee. Mit viel Mühe ausgebuddelte BP*-Säule, irgendwo in den Tiroler Bergen. Winterdiesel hatte eine Frostsicherheit bis minus 22 Grad Celsius, erst dann wurde das Dieselöl flockig und setzte mit Eiskristallen die feinen Spritleitungen der Fahrzeuge zu. Nicht nur sie. Auch die Mechanik der Zapfsäule selber konnte eingefroren sein.*

Wo man geht und steht, selbst im kleinsten Kuhdorf, mitten in den Bergen, auf den schroffsten Gipfeln, ja wahrscheinlich auch auf dem Mond findet man eine Tankstelle. Szene mit einem betagten BMW 502 3,2 Liter im Mai 1969 kurz vor der Grenze zum Reschenpass. Der Wagen benötigte im Normalfall rund 16 Liter Super auf 100 Kilometer, und wenn er alt und ausgelaugt war, benötigte er entsprechend mehr, und wenn er in den Bergen unterwegs war, noch mehr, und wenn er unvernünftig gefahren wurde, noch viel mehr.

Opel Kadett B im März 1968 auf der Schweizer Seite der Grenze. Shell *ist billiger als daheim, und die Tankstelle ist ein richtig gehendes Warenlager. Hier werden die für die Touristen aus steuerlichen Gründen interessanten Dinge feilgeboten, hauptsächlich Alkohol und Zigaretten, aber auch die landesspezifischen Spezialitäten. Zwar wurden die feinen Schokoladen von Lindt & Sprüngli ab 1935 in Deutschland in Lizenz produziert, aber sie waren erstens eine reine Feinkostgeschäft-Angelegenheit und zweitens sehr teuer. Toblerone ist, wie wir lesen können, auch im Angebot. Damals, 1968, war die prismaartig verpackte Honig-Mandel-Nougat-Schokolade noch im Besitz der Berner Firma Tobler & Cie.*

Fast schon putzig, im Vergleich mit den Großtankstellen, wirkt diese Schweizer Station im Jahre 1965, mit Nationalwimpeln geschmückt und mit drei unterschiedlich großen Zapfsäulen für Normal, Super und Diesel versehen. Im Vordergrund eine fahrbare (!) Zweitaktsäule, und zu trinken bekommt eine weiße Borgward Isabella.

Auf dem Weg zum Autohaus. NSU-Vertretungen gingen zumeist aus mechanischen Werkstätten hervor, eine Tankstelle wurde angegliedert, und nachdem sich NSU mit dem Prinz vom reinen Zweirad- zum Autofabrikanten emporhob, waren die Motorradwerkstätten plötzlich kleine Autohäuser. Als Ende der 60er Jahre der revolutionäre Ro 80 mit seinem Wankelmotor kam, waren die NSU-Mechaniker mit ihm heillos überfordert. Die Ro-80-Motoren krepierten vermeintlich systematisch. Sarkastisch grüßten sich die Fahrer gegenseitig mit gespreizten Fingern und zeigten damit dem Kollegen, den wievielten Austauschmotor sie bereits unter der flachen Haube hatten. Das stimmte schon, viele Ro 80 brauchten neue Motoren. Oftmals gingen sie kaputt, weil die Fahrer nicht damit umgehen konnten. Und oftmals konnten ungeübte NSU-Vertragswerkstätten selbst Kleinigkeiten nicht reparieren und gönnten dem Wagen einen Austauschmotor. Das hat das Werk unheimlich viel Geld gekostet.

Vor den Toren der Stadt hielten sich kleine Werkstätten mit angeschlossener Tankstelle lange, bis tief in die 70er Jahre hinein. Heute steht hier sicherlich eine hochmoderne Station mit angeschlossenem Shop – sofern hier heute nicht Wohnhäuser stehen und das Gelände längst Bestandteil der Stadt ist. Foto 1962 in einem Randbezirk Münchens.

Das hochmobile Jahrzehnt: Zapfkultur in den 60er Jahren

Moderne Pflegehalle von 1963 mit Unterflur-Arbeitsplatz, wie die »Grube« offiziell heißt. Es ist alles da, was man(n) braucht, um Servicearbeiten, Inspektionen und Reparaturen durchzuführen. Die ausgedienten Weißwandreifen symbolisieren eine Mode der 50er Jahre, die im Begriff war, sich zu verabschieden. Die weiße Flanke wurde immer schmaler, bis sie zu einem weißen Ring zurückgestutzt war, und dann verschwand auch er. Kurzfristig, Ende der 60er Jahre, waren Rotring-Reifen en vogue. Die amerikanischen Muscle Cars trugen sie, und Opel nahm die Mode beim sportlichen Rekord C in der Sprint-Version auf.

Saubermachen. Hochdruckreiniger. Der Vorreiter ist die Firma Kärcher *aus Winnenden, die seit 1950 Hochdruckreiniger herstellt. Ihr Name wurde zum Genrebegriff, nicht nur in Deutschland, sondern weltweit; »to karcher« heißt im Englischen, ein dreckiges Auto mit dem Hochdruckreiniger abzuspritzen, und »nettoyer au Karcher« ist im französischen Sprachschatz verankert.*

Zunehmend übernahmen die Tankstellenbetriebe mit ihren Werkstätten die Arbeit der Autohäuser. Denn diese waren teilweise derart ausgebucht, dass ein Werkstatttermin zur Glückssache wurde. Je besser die Tankstelle ausgestattet war, desto tiefer in medias res konnte sie eintauchen und selbst die große Inspektion übernehmen. Im Bild ein Volkswagen Cabriolet des Modelljahrs 1961, zugelassen in der Stadt Hagen, auf dem Bremsenprüfstand.

Damit wurde viel Geld verdient. Es war teilweise eine echte Drecksarbeit, und es war absolute Tankstellenangelegenheit: Hohlraumkonservierung mit Unterbodenschutz, hier Marke Teroson *von* Henkel. *In den 60er Jahren wurde im Winter Salz ohne Rücksicht auf Umwelt und Auto gestreut. Das Salz setzte den Karosserien arg zu, denn deren Blech wurde immer dünner, und die Karosseriestrukturen wurden stets komplizierter und hatten mehr Hohlräume. Gegen Rostbefall und Steinschläge war der klebrige, teerhaltige schwarze Unterbodenschutz vermeintlich die beste Hilfe. War er frisch, so stimmte das. War er alt und spröde, so bewirkte er das Gegenteil: Die Salzbrühe hatte noch mehr Angriffsfläche. Also musste ein rundum geschütztes Auto jährlich neu mit Unterbodenschutz besprüht werden.*

Waschplätze, im Freien oder überdacht, gibt es an Tankstellen, seit es Tankstellen gibt. Automatische Waschanlagen sind eine Erfindung der 60er Jahre. 1963 baute der Allgäuer Franz Christ die erste vollautomatische Waschanlage, technisch die Grundlage jeder heutigen Waschanlage. Zuvor schon, 1961, entwickelten Gebhard Weigele und Johann Sulzberger in ihrer Firma Wesumat *eine Waschanlage, die mit zwei Bürsten um das stehende Auto herumfuhr und in eine bestehende Tankstellen-Waschhalle passte. Foto 1965, der zu säubernde Wagen ist ein Opel Rekord P II.*

Die ersten Waschanlagen waren so genannte »Portalwaschanlagen«. Der Kunde muss in die Halle einfahren, verlässt das Auto, und die Portalanlage bewegt sich von vorne nach hinten über den stehenden Wagen (Mercedes 190 D W111). In der Waschstraße hingegen bewegt sich das Auto (nicht aus eigener Kraft, sondern auf einem Förderband), und die Reinigungsvorrichtungen sind fest installiert. Waschstraßen gibt es seit Mitte der 60er Jahre, eine Entwicklung der Augsburger Firma Kleindienst.

Ein Magirus 150D13 von 1964, also ein früher Saturn, als Saugspülwagen. Er hat seinen Schnorchel in den Werkstattuntergrund gesteckt und leert den Sumpf der ziemlich neuen Waschanlage. Es war kein Ölabscheider eingebaut, womöglich war die Anlage (noch) nicht an den Kanal angeschlossen. Auffällig am Magirus ist die Bereifung: Das Traktionsprofil (M&S-Reifen) findet sich nur an der Hinterachse, Rahmen und Kotflügel sind in Wagenfarbe lackiert.

»Achtung! Kraftfahrer, bediene Dich selbst.« Das klingt ein bisschen nach 30er Jahre, ist es aber nicht. Erste Gehversuche machte die Selbstbedienungszapfsäule Anfang der 50er Jahre. Das Ding funktioniert so: Ein Markstück in den Schlitz werfen, dann die Kurbel eine Umdrehung zurückdrehen. Danach drei langsame Umdrehungen in Pfeilrichtung, bis ein Glöckchen ertönt. Nun erneut drei Umdrehungen, bis die Kurbel gesperrt ist. Erst dann den Schlauch abnehmen und das Benzin in den Tank einfließen lassen. Bei einem Literpreis von 62 Pfennigen bekam man für die Mark genau 1,613 Liter. Benötigte man mehr als dies, war erneut eine Mark fällig und das Procedere wiederholte sich. Ein komplizierter Vorgang. Und letztlich genau die Technik, die bis zum Krieg alle Zapfsäulen aufwiesen – abgesehen vom Münzbetrieb.

Die Dame mit elegantem Hütchen demonstriert am Volkswagen mit eleganten Scheinwerferschirmchen, wie man sich selbst bedient. Es war noch nicht ausgereift. Es war aufwändig, kompliziert, und die Autofahrer waren dazu nicht bereit. Es hat noch 15 Jahre gedauert, bis das Selbsttanken durchsetzbar, also marktfähig, war.

Aber dann mit Vehemenz. Eine Tankstelle um die andere stellte sich um. Zunächst wurde mit Preisnachlass bei Selbsttanken an Großtankstellen geworben, es gab SB-Säulen und Säulen mit Bedienung. Nach einer Übergangszeit gab es nur noch Selbstbedienung. An einer modernen Shell-*Tankstelle, die auch heute noch Bestand haben könnte, tankt der Fahrer eines NSU Typ 110 selber. Im* Shell-Shop *könnte er beim Bezahlen noch einen Drachen für seinen Sohn mitnehmen, laut Werbung 1,75 D-Mark teuer.*

Die junge Dame im kurzen Röckchen und mit den modischen Kniestrümpfen fährt einen alten VW vor Modelljahr 1967, man musste die Haube zum Tanken öffnen.

Das hochmobile Jahrzehnt: Zapfkultur in den 60er Jahren

Alle taten es, denn es blieb ihnen nichts anderes mehr übrig. Der Herr im feinen Zwirn kontrolliert den Ölstand seines Mercedes 280 SE, und auch der Fahrer des eleganten BMW Coupés vor ihm griff selbst zur Zapfpistole. 1969 kostete ein Liter Shell-*Normalbenzin 59 Pfennige.*

Auch wer die 21.000 D-Mark für einen fabrikneuen Porsche 911 L 2.0 Targa von 1968 bar auf den Tisch legen konnte, wurde an der Shell-*Station nicht mehr bedient. Natürlich gab es nach wie vor Tankstellen mit Service, aber es wurden immer weniger, und zunehmend waren es kleine Stationen auf dem Land.*
Foto: Archiv Porsche

Auch eine Tankstelle, aber keine öffentliche: Rennbenzin unterschiedlicher Marken auf dem heißen Asphalt des Nürburgrings zu Beginn des Jahrzehnts. Rennbenzin hatte damals schon 100 Oktan. In den 30er Jahren hatte normales Benzin rund 40 Oktan und musste mit Additiven kompressionsfest gemacht werden; heute hat Normalbenzin 91 Oktan, bleifreies Super hat 96 und SuperPlus kommt auf 98 Oktan, und so mancher 100-Oktaner ist ebenfalls an der normalen Zapfsäule erhältlich.

Kapitel 6:

Tanken in der DDR: Volkseigenes Gemisch für volkseigene Bürger

Benzin in der DDR – das ist *Minol*. Minol ist die Zusammensetzung aus den Anfangssilben der beiden Wörter »Mineralöl« und »Oleum«, lateinisch für Öl, und die sowohl einzige als auch staatliche Benzinmarke und Tankstellenkette in der DDR. *Minol* ist in der Sowjetischen Besatzungszone die Nachfolgemarke von *Leuna* (im Westen war es Gasolin). Gegründet wurde das Tankstellennetz 1949 von der *Deutschen Kraftstoff- und Mineralölzentrale* sowie der *Deutsch-Russischen Naphta-AG*, und daraus ging der *Volkseigene Betrieb (VEB) Kraftstoff-Vertrieb* hervor. Den Markennamen *Minol* gibt es seit 1956, und unter dieser Bezeichnung liefen in der DDR sämtliche Benzin- und Ölsorten. Das Maskottchen und gleichzeitig die Werbefigur und der Sympathieträger war der *Minol*-Pirol, ein vermenschlichter Vogel in rot-gelber Kluft mit dem Slogan: »Stets dienstbereit zu ihrem Wohl, ist immer der Minol-Pirol«. Bis zum Ende der DDR gab es rund 1300 *Minol*-Tankstellen inklusive speditionseigener Betriebshöfe. 1990 wurde *Minol* privatisiert und 1993 an den französischen Mineralölkonzern *Elf Aquitaine* verkauft. Zwei Jahre später wurde der Markenname *Minol* auf dem Gebiet der ehemaligen DDR aufgegeben, nach und nach verschwanden die *Minol*-Tankstellen. Am 12. Oktober 2000 morgens um 10 Uhr wurde an der Autobahntankstelle Michendorf das letzte rosafarbene M auf gelbem Grund abgenommen. Dies besiegelte zunächst das Ende von *Minol*. Die Rechte am Namen liegen nun bei *Totalfina* als Nachfolgegesellschaft der *Elf Aquitaine*. Um diese nicht verfallen zu lassen, betreibt *Total* seit dem Jahr 2003 eine letzte *Minol*-Station in Leipzig. Grund: Namensrechte können von Dritten beansprucht werden, wenn sie der Inhaber fünf Jahre lang nicht in dem zu ihm gehörenden Geschäftsfeld nutzt. Und *Totalfina* will sich den Namen *Minol* nicht nehmen lassen.

Minol ist, wie gesagt, die Benzin- und Schmierstoffmarke der DDR schlechthin. Aber es gibt auch eine westdeutsche Minol, was weithin unbekannt ist. Das mittelständische Unternehmen *Mineralöl-Import Stuttgart* eröffnete dortselbst 1948 die erste *Minol*-Tankstelle, und es gab in Süddeutschland in den besten Zeiten deren 40 davon. In Pleidelsheim hat eine überlebt, ebenfalls aus Gründen des Markenschutzes. Nachdem es erst ab 1949 den Namen *Minol* in der DDR gab, lag die erste also im Westen. *Minol*-West konzentrierte sich ab 1952 auf Messtechnik und ist noch heute auf diesem Felde tätig (jährliche Wärme- und Nebenkostenabrechnung).

Tanken in der DDR war eine Geduldsprobe. Anstellen war angesagt. Das Tankstellennetz war dünn, der Andrang umso größer. Oftmals erhörten die Wartenden die beruhigenden Worte: »Der Tanklastwagen muss jeden Moment kommen!«. Dann war der Vorrat erschöpft, der Nachschub kam. Irgendwann. Jeder

Tanken in der DDR: Volkseigenes Gemisch für volkseigene Bürger

In der Nachkriegszeit, bis weit in die 60er Jahre hinein, waren Vorkriegswagen alltäglich im DDR-Straßenbild, so wie dieser Opel Kadett K38 Spezial. Opel-Fahrzeuge wurden zwar von der Wehrmacht geradezu aufgesogen, aber es haben doch einige den Krieg in privaten Händen überlebt. Wer seinen Wagen davor geschützt hatte, eingezogen worden zu sein, hatte sich strafbar gemacht. Aber der Wunsch, sein Eigentum zu bewahren, war groß. Dieser ältere Herr hatte seinen Kadett gerettet und gibt ihm gerade zu trinken.

DDR-Bürger hatte stets Reservekanister. Die Preise waren relativ stabil. Extra (VK 94) kostete 1,65 DDR-Mark, Normal (VK 88) kam auf 1,50 Mark und das einfache VK 79, auch »Klingelwasser« genannt, 1,40 Mark. Der Liter Diesel kostete ebenfalls 1,40 Mark. Ölbeimischungen waren direkt an der Zapfsäule einstellbar, 1:25, 1:33 oder 1:50 für Mopeds. Der Trabant benötigte 1:33-Gemisch, das kostete 1,50 Mark. Das »Klingelwasser« gab es ab Ende der 70er Jahre nicht mehr im öffentlichen Handel, war aber weiter im Angebot für die Nationale Volksarmee, die damit die sowjetischen Spritfresser wie UAZ und URAL fütterte. Nachts und am Wochenende hatten DDR-Tankstellen geschlossen – mit ganz, ganz wenigen Ausnahmen. Später gab es so genannte Nachttankboxen. Da konnte man außerhalb der Öffnungszeiten wenigstens zehn Liter auffüllen. Voraussetzung war, dass man zuvor für 7,50 DDR-Mark den Schlüssel für diese Boxen an der Tankstelle erworben hatte.
Für Bundesbürger gab es auf den Transitstrecken und in größeren Städten *Intertank*-Stationen, zahlbar in Devisen. Dort gab es »Devisensorten«, Spezial, Super und Diesel. Der Liter Normal kam dort auf 60, der Liter Super auf 65 Pfennige. Weil das generell billiger als in der Bundesrepublik und West-Berlin war, kam es zu einem gewissen Tanktourismus und somit zu Schlan-

Das ist die wohl bekannteste Tankszene der DDR mit dem bekanntesten Auto der DDR, und hier sehen wir einen weiblichen Minol-*Tankwart – wohl eine Tankwartin. Um den Trabant zu betanken, musste, wie ganz, ganz früher beim Volkswagen Käfer, die vordere Haube geöffnet werden. Im Bild ein Trabant 601 Universal Deluxe, ein ziemlich früher Wagen mit großem Logo im Grill und strukturierten Radkappen. Die ersten Kombis trugen, ganz in der Tradition der Karosseriebauunternehmen, am unteren Teil des rechten Vorderkotflügels ein Emblem des Karosseriebauers VEB Karosseriewerk Meerane. Er geht auf zwei Betriebe zurück, die Firmen Gustav Hornig in Meerane und Ernst Dietzsch in Glauchau.*

genbildung, denn wer gen Osten reiste, fuhr gerne mit leerem Tank los und erledigte das Tanken auf DDR-Gebiet. Es war stets ein Tankwart zugegen, nie Selbstbedienung. Service gab es an der *Intertank* nicht, aber ein Trinkgeld in Westwährung wurde nie verschmäht. Die Tankwarte konnten übrigens auch Frauen sein. Sie waren stets gegenwärtig, denn sie mussten vor jeder Betankung die Zapfsäule manuell mit einer Kurbel auf Null stellen.

Wer Beziehungen zu den sowjetischen Waffenbrüdern hatte, bekam im Tausch gegen eine Flasche hochprozentigen »Kumpeltod« oder »Bergmannsfusel« auch mal einen Kanister 72-oktanigen Sowjetkraftstoffs. Zwar billig, aber das Fahren war keine Freude, der Motor klingelte ohne Ende und war kein Aspirant zum Kilometermillionär. Wer besonders nett zum Ivan war, bekam auch mal ein Schlückchen Hochoktaniges zum Beimischen, abgezweigt vom Benzinkontingent des Kommandeurs für dessen Volga. Man tat es, aber man sprach nicht darüber. Aber auch der Standard-Sprit in der DDR war oftmals so dreckig, dass es Zündaussetzer gab und die Wagen liegen blieben. Handwerklich halbwegs geschickt war fast jeder DDR-Autofahrer, und dann musste er eben anhalten, die Zündkerzen ausbauen und säubern.

Tanken in der DDR:
Volkseigenes Gemisch für volkseigene Bürger

Minol-*Tankstelle im Jahre 1964 mit IFA F9 und Škoda 1200. Von den automobilen Akteuren abgesehen könnte diese Szene auch 25 Jahre später spielen.*

Wir sehen zwei Mal hintereinander dieselbe kleine Landtankstelle, und der Grund, warum die beiden Fotos gemacht wurden, liegt in der Veränderung. Während auf diesem Bild die Zapfsäulen nur provisorisch überdacht sind…

…wurde nun ein kleines Kassenhäuschen gebaut und das Rohrgestell ist frisch gestrichen. Im Hintergrund auf beiden Fotos sind Moskvitch 408 zu sehen.

Eine recht moderne Station in Rathenow im brandenburgischen Havelland, aufgenommen im August 1970 anlässlich der Eröffnung. Hinten ein Trabant 601 mit atypischen Weißwandreifen, an der Zapfsäule ein Škoda Š 100, damals ein ganz neues Fahrzeug und sicher eines der ersten seiner Art, das in die DDR importiert wurde.

Ein Vertreter der westlichen Minol*:*
Mercedes L 3500 als Tanksattelzug
der Stuttgarter Mineralöl-Import *mit*
einem Auflieger von Aurepa-Stadler.

Sofort nach der Wende etablierten sich die in Westdeutschland vertretenen Mineralölkonzerne auch in der DDR und eröffneten architektonisch einheitliche Tankstellen mit Serviceeinrichtungen. Minol *starb langsam aber sicher, und der Wartburg tankte* Shell, Esso, Aral, Jet *oder* Pinoil. *Immerhin mussten sich die Konzerne daran gewöhnen, in größeren Mengen Zweitaktgemisch bereit zu halten. Doch zuerst starb der Wartburg aus und spätestens mit Beginn des 21. Jahrhunderts war der Trabant nicht mehr allgegenwärtig in den Neuen Bundesländern. Zweitaktgemisch ist nun kaum mehr gefragt. Ein paar Moped-Piloten benötigen es noch.*

Kapitel 7:

Benzin teurer als Cola: Ölpreisschock, Fahrverbot und Selbstbedienung

In Bezug auf das automobile Leben und alles, was dazu gehört, waren die 70er Jahre geprägt von der ersten Ölkrise 1973/74 und deren Folgen. Sie wurde durch den Jom-Kippur-Krieg im Oktober 1973 ausgelöst. Dieser Krieg war der Versuch der Araber, die Golanhöhen zurück zu erobern, die Israel zuvor im Zuge des Sechstagekrieges besetzt hatte. Die Organisation der Erdöl exportierenden Staaten drosselte ihre Ölproduktion, um die westlichen Industriestaaten unter Druck zu setzen, weil sie in dem Krieg Israel unterstützten. Der Preis für ein Barrel Öl schnellte nach oben, von rund drei Dollar zunächst auf über fünf und im Verlaufe des Jahres 1974 auf zwölf Dollar. Öl wurde knapp und damit auch Benzin. Der Liter Super stieg innerhalb kürzester Zeit von 50 auf 80 Pfennige und kratzte teilweise an der Eine-Mark-Grenze. Die deutsche Bundesregierung reagierte darauf und verordnete Tempolimits (generell 100 km/h auf Autobahnen) und vier autofreie Sonntage. Das hatte zwar einen großen moralischen, aber kaum einen wirtschaftlichen Effekt. Die zweite Ölkrise ereignete sich 1979, der Rohölpreis erreichte nunmehr ein Rekordhoch von 38 Dollar je Barrel, der Liter Super kostete rund 1,50 Mark. Auch diesmal war der Grund politisch: Förderausfälle im Zusammenhang mit der islamischen Revolution im Iran (Sturz des Schahs von Persien durch den Schiitenführer Ajatollah Khomeini).

Ungefähr 1973/74 fand ein Prozess in Deutschland statt, der im Januar 1980 in der Gründung der Bundespartei »Die Grünen« gipfelte. Die neue Partei entwickelte sich aus einem breiten Spektrum außerparlamentarischer Strömungen, so die Ökologie-, Anti-Atomkraft-, Friedens- und Frauenbewegung. Zur Ideologie dieses links-alternativen Sammelsuriums gehörte auch eine Technik- und speziell Autofeindschaft. Eine weitere Tendenz war das zunehmende Sicherheitsbedürfnis der Autofahrer selber. 1970 gab es in Deutschland fast 20.000 Tote im Straßenverkehr (bis 1985 hatte sich diese Zahl mehr als halbiert), und die Autoindustrie reagierte 1970 mit dem weltweiten Programm der Experimental Safety Vehicles (ESV), einem Konzept, um die Fahrzeugsicherheit bis 1980 zu verbessern. Diese ESV hatten ihre Hochzeit Mitte der 70er Jahre, und jeder bedeutende Autohersteller beeilte sich, ein eigenes Sicherheitsauto vorzustellen.

Diese drei hochbrisanten Themenbereiche, also Benzinverbrauch, Sicherheitsstreben und Autoverteufelung, beherrschten das automobile Denken ab 1974. Es veränderte die Einstellung sowohl der Kunden wie der Konstrukteure zum Auto maßgeblich. Stand zuvor der Fahrspaß ganz oben, so trat nun die Vernunft an seine Stelle. Zum Fahrspaß gehört absolutes Desinteresse am Benzinverbrauch, zur Vernunft gehört höchstes Interesse am Benzinverbrauch. In diesem Zusammenhang ist

Benzin teurer als Cola: Ölpreisschock, Fahrverbot und Selbstbedienung

Einsame Diesel-Zapfsäule auf einem Speditionshof im Jahre 1970. Hier floss der Diesel in Strömen, aber nur für die speditionseigenen Lastwagen. Wir sehen mehrere Autotransporter mit Kässbohrer-Aufbau, der vordere mit Audis, der hintere mit Mercedes W 108 beladen.

die Diesel-Euphorie der 70er Jahre zu verstehen. Plötzlich waren Diesel-Personenwagen salonfähig und nicht mehr eine Angelegenheit von Taxifahrern. Die Mineralölkonzerne reagierten darauf insofern, als am »Premiumort« der Tankstelle, also direkt vor dem Kassenhäuschen, nunmehr neben Normal und Super eine dritte Zapfsäule stand. Diesel-Fahrer genossen fortan das Privileg, im überdachten Bereich tanken zu dürfen.

Einen wesentlichen Beitrag zur Diesel-Euphorie leistete Daimler-Benz mit dem ersten fünfzylindrigen Diesel-Pkw weltweit ab Juli 1974, dem 240 D 3.0. Er war damals der spurtstärkste und schnellste Diesel-Pkw überhaupt. Mit dem »Autobahn-Diesel« im Strich-Achter-Mercedes ist der Dieselmotor in Privatwagen salonfähig geworden und ließ den zuvor himmelweiten Unterschied zwischen einem Auto mit Otto- und mit Vorkammer-Dieselmotor schrumpfen. Er machte Schluss mit etlichen Vorurteilen, die da lauteten: Dieselmotoren sind schlappe Metallklumpen, drehen unwillig hoch, müssen häufig geschaltet werden, nageln, rußen, stinken, vibrieren, sind unkomfortabel und haben Nutzfahrzeugcharakter. Wer einen Diesel fährt, bekommt beim Tanken ölige Hände und kann sich den Benzinverbrauch eines ordentlichen Autos mit ordentlichem Motor nicht leisten. Kurzum: Bis zum Mercedes 240 D 3.0 musste man sich eines Diesels schämen. Zu dieser Zeit waren Diesel-Pkw in Frankreich und Italien bereits en vogue, denn dort war das Dieselöl weit günstiger als Benzin, und spätestens zu

Bonjour Tristesse: Zapfsäulen auf Firmenhöfen mussten nicht werben, nicht schön aussehen, nicht modern sein, keinen Service bieten und teilweise nicht mal eine Auswahl. Dies ist die werkseigene Zapfanlage des Ulmer Magirus-Werkes, ein paar Tage vor dem Abriss. Der VW 1303 hätte hier nie ein Schlückchen zu trinken bekommen, weil er kein Werksangehöriger ist. Aber er durfte sich für das Abschiedsfoto in Pose werfen. Foto: Storz

Beginn der 80er Jahre, parallel zur Diesel-Manie in den USA, war ein Selbstzünder sogar in Luxusautomobilen etwas ganz Selbstverständliches.

Ab etwa 1968 führten Tankstellen auch Zeitschriften, *Aral* war mit seinem »Mini-Markt« der Vorreiter, es folgten die »Boutique« von *Elf*, der »Autoshop« von *BP*, der »Big Bon« von *Agip*, der »*Shell*-Shop« und so ging es munter weiter. Aus dem simplen Kassenhäuschen wurde nun ein kleiner Laden. Damit einher ging die Wandlung des Berufsbildes des Tankwarts. War er zuvor ein eher technisch versierter Handwerker, so wurde er nun vollends zum Kaufmann. Wuselte er früher diensteifrig um das Auto des Kunden und machte sich die Hände am Ölmessstab schmutzig, so benötigte er nun saubere Hände zum Verkauf von Flugdrachen, Regenschirmen, gravierten Biergläsern und Frauenzeitschriften – ganz zu schweigen vom obligatorischen Coca-Cola-Automat. Er zog die Konsequenz und blieb lieber in seinem Ladengeschäft, dem ehemaligen Kassenhäuschen, als dass er es verließ um des Autofahrers Luftdruck zu prüfen. Vom verkauften Sprit konnte er ohnehin nicht mehr leben. Seinen Umsatz machte er mit branchenfremden Produkten. Auf den Punkt brachte es der Werbeslogan von *Agip*: »Bei uns kann man auch tanken.«

Das war der Anfang vom Ende der Bedienung. Der durch den Ölpreisschock gestiegene Spritpreis machte es dem Kunden leicht, auf diese zu verzichten. Bediene Dich selber und spare dabei, lautete die Devise. Man sprach vom »SB-Tanken«. Am Ende des Jahrzehnts

Wenn die Tankstelle stirbt und ihr Hinterhof noch nicht geräumt ist, eröffnet sich ein Eldorado für die Freunde automobiler Devotionalien, Relikte und dekadente Erinnerungen. Noch trägt der 30er-Jahre-Opel-Blitz sein schönes Esso-Zeichen im Grill. Noch… Er überlebte im unzugänglichen, hinteren Bereich einer Berliner Tankstelle in Gesellschaft eines schwarzen, viertürigen Opel Rekord P II. Die Aufnahme stammt vom September 1978, kurz bevor das Grundstück geräumt wurde.

war die Bedienungstankstelle ein Auslaufmodell, 44 Prozent aller deutschen Tankstellen arbeiteten nach dem SB-Prinzip. Dabei ging es auch um Einsparungen bei den Mitarbeitern. Arbeitszeit wurde immer teurer, und die Konzerne verzichteten gerne auf Personal an den Tankstellen. Der Chef, also der Tankwart, reichte aus. Der Kunde musste umdenken. Er musste nicht nur die Zapfpistole selbst bedienen, sondern verlor auch lieb gewonnene Privilegien. Etliche Dienstleistungen waren vom Tankwart kostenlos erwartet und allenfalls mit Trinkgeld nach eigenem Ermessen vergütet worden, so die Scheibenreinigung, Prüfung des Ölstandes, Reifenluftdrucks und Kühlwasservorrates. Das musste der Fahrer nun alles selber machen: SB-Staubsauger, SB-Luftdruckprüfer, SB-Ölwechsel, SB-Waschanlage und im Shop auch Selbstbedienung. Der Tankwart verkümmerte zum bloßen Kassierer. Ende der 70er Jahre wurden 80 Prozent des verkauften Sprits selbst gezapft.

Die 70er Jahre sind das Jahrzehnt des Tankstellensterbens. 1970 gab es 46.091 Stationen in der Bundesrepublik für 16,3 Millionen Autos, 1974 noch 37.195, 1980 waren es 27.528, also 18.563 weniger als zehn Jahre zuvor (zum Vergleich: 2012 sind es 14.723 Tankstellen für 51,7 Millionen Autos). An den aufgelassenen Stationen herrschte weiterhin das Automobil vor, doch seine Automobilität war eingeschränkt. Mehr oder weniger seriöse Gebrauchtwagenhändler oder Werkstätten ließen sich hier nieder. Es war manchmal ganz interessant, was für Autos hier herumstanden und im Laufe der Zeit immer weniger wurden. Ausrangierte, Schrottreife, Aufpolierte, Durchgerostete, Liebhaber-

Auf streunende Jungs übten derartige Tankstellen-Hinterhöfe eine magische Anziehungskraft aus. Oftmals wurden sie vom Tankwart oder gar dessen Hund rüde vertrieben. Aber sie kamen wieder, immer wieder. Daf 33 in Gesellschaft zweier Ölfässer. Foto: Storz

stücke, aber auch Durchschnittsware. Für Gebrauchtwagenhändler waren aufgelassene Tankstellen wegen der technischen Infrastruktur (Waschplatz mit Ölabscheider, Pflegehalle) interessant. Manchmal zog auch ein Getränkemarkt, eine Kneipe oder ein Subkulturtempel ein. Das war für Autofans weniger interessant. Die aufgelassenen waren ehemals eher kleine Tankstellen ohne räumliches Entwicklungspotenzial. Die Konzerne setzten in den 70er Jahren auf Weniger, dafür Größer. Es wurde rationalisiert, um im Konkurrenzkampf zu überleben. Private Tankstellen gab es kaum mehr, die Benzinsupermärkte der 70er Jahre wurden so monströs geplant und ausgeführt, dass nur die Mineralölkonzerne selber sich den Bau und das Grundstück leisten konnten.

Der Systemwandel in Sachen Automobilisierung und in seiner Folge der Wandel an der Tankstelle vom lieb gewonnenen Ritual der diensteifrigen Bedienung zum kalten SB-Tempel formierte eine Gegenbewegung, und zwar durchaus nicht unter den Konservativsten.

Markus, der populäre Interpret der Musikrichtung der Neuen Deutschen Welle, brachte den Protest auf den Punkt. 1982 erschien seine Single »Ich will Spaß«. In seiner Hymne an das schnelle Fahren heißt es auszugsweise: »Mein Maserati fährt 210, schwupp die Polizei hat's nicht gesehen. Das macht Spaß, ich geb' Gas...kommt nur das gute Super rein...und kost's Benzin auch zwei Mark zehn, scheißegal, es wird schon geh'n. Ich will fahr'n, ich will fahr'n...Der Tankwart ist mein bester Freund, hui, wenn ich komm', wie der sich freut...Wir geben Gas, geben Gas, ich will Spaß, ich will Spaß.«

Moderne SB-Zapfsäule, daneben der SB-Ölwechsler (»Ölwechsel in vier Minuten, während Sie tanken«). Wer Bescheid wusste, mied diese Dinger, die nur das im Kreislauf befindliche Öl aufschlürften, während der Dreck, der sich in den Tiefen der Ölwanne ansetzte, dort auch blieb und das neue Öl in Sekundenschnelle verunreinigte. Trotz des SB-Wahns: Für einen Ölwechsel muss einfach die Ölablassschraube aufgedreht und das Öl konventionell abgelassen werden. Rechts, wie putzig, eine runde Säule für Zweitaktgemisch.

Porsche 911 2,4 Liter an einer freien Tankstelle. 1971 kostete hier der normale Sprit 56 Pfennige, Super kam auf 61 Pfennige. Der Porsche steht an der Normal-Zapfsäule. Ja, er brauchte wirklich nur Normalbenzin. Foto: Archiv Porsche

»Mein Top-Angebot«, so warb der Tankstellenbesitzer für Bierbecher aus Zinn und bunte Bastelbögen. Damit verdiente er sein Geld, mehr als mit dem Spritverkauf. Als das SB-Tanken in den Kinderschuhen steckte, war auf jeder Zapfsäule ein langer Text angebracht: So wird's gemacht... Und anschließend musste der Fahrer seinen Beleg an der Säule entnehmen und damit ins Kassenhäuschen gehen, das längst kein solches mehr war, sondern ein veritabler Supermarkt.

Selbst er musste sich die Hände an der Zapfpistole schmutzig machen. In den 70er Jahren, als Oldtimer langsam aber sicher zum Modehobby wurden, gab es längst ein paar etablierte Klassiker, deren historischer Status unzweifelhaft war. Dazu gehörte dieses Mercedes 300d Cabriolet von 1957 bis 1961, das schon zu Lebzeiten ein Liebhaberfahrzeug gewesen war. Zwischen August 1957 und März 1962 entstanden ganze 65 Exemplare. Der würdige, alte Herr tankt Aral *Super. Das tat er wohl schon, als er noch neu war.*

Auch er muss trinken, wenn er unterwegs ist: Ford Granada Bestattungswagen von 1975 mit Aufbau der hannoveraner Karosseriefabrik Paul Stolle. Auf den ersten Blick ein serienmäßiger Granada Turnier, aber nur auf den ersten. Stolle verlängerte dezent den hinteren Karosserieüberhang, damit im Laderaum genügend Platz für den Sarg ist. Die Texaco-*Station bietet nicht nur einen Getränke-Shop an, sondern sogar eine Granini-Saftothek.*

Benzin teurer als Cola: Ölpreisschock, Fahrverbot und Selbstbedienung

Die Farben der 70er-Jahre: Waren früher die Tankstellenfarben bunt und die Autos schwarz, grau oder beige, so überflügelte die Farbenvielfalt im Pril- und Creme-21-Jahrzehnt diejenige der Mineralölkonzerne. Nagelneuer BMW 318 und sein Vorgänger 1802 an der Aral-Tankstelle, die einem BMW-Autohaus angeschlossen ist. Aufnahme im Juli 1975. Foto: Storz

Die Farben der 70er-Jahre, Teil 2: In der zweiten Hälfte der 70er Jahre war fast alles, was aus dem VW-Audi-Konzern kam, resedagrün, vom Käfer bis zum Audi 100. Die absolute Modefarbe. Der Audi 80 L wurde im September 1976 fotografiert, und das Esso-Ölkabinett ist fast schon dekorativ – auf jeden Fall ein farbliches Gegenstück zum Resedagrün, das den ganzen Hof des Autohauses dominierte. Foto: Storz

Hinterhof-Zapfsäule auf dem Firmengelände des Autohauses. Der Inhaber bestellte einmal im Monat eine kleine Menge Sprit, er war im Rabattsystem der Zulieferer ganz, ganz hinten angesiedelt. Deshalb waren seine Benzinpreise nicht konkurrenzfähig. Die einzige Motivation, warum er seine beiden Zapfsäulen aufrecht erhielt, war, dass sie eben da waren und dass er sich den Luxus gönnte, seine Autos zu betanken, ohne den Firmenhof verlassen zu müssen. Das rote, keilförmige Coupé ist ein Triumph TR7, fabrikneu, kurz vor der Auslieferung an den Kunden. Es waren nicht viele, die in den 70er Jahren zum British-Leyland-Händler gingen, um einen Rover, Jaguar, Triumph, Austin oder Mini zu kaufen. Allenfalls die Range Rover und Land Rover waren gefragt. Aufnahme im Oktober 1976. Foto: Storz

An derselben Zapfanlage, bei demselben Leyland-Händler, aber ein Jahr später im Herbst 1977: Man musste ein großer Individualist in den 70er Jahren sein, um einen Rover 3500 V8 zu fahren und um bei einer Luxuslimousine ein Schrägheck mit praktischer Heckklappe zu akzeptieren. Ein Mercedes war das nicht und ein Citroën CX federte besser… Foto: Storz

Das Jahrzehnt des Wechsels, das Altbekannte verschwand – sowohl automobilistisch als auch bezüglich der automobilen Infrastruktur. An der Tankstelle wurde man nicht mehr bedient, und beim VW-Händler bekam man bald keinen Käfer mehr. Die Heckmotor-VW starben langsam aber sicher aus, im Vordergrund ein 1303-Sondermodell mit Namen »City«, hinter ihm die NSU-Erbschaft K 70, und links ein Vertreter der neuen Generation, ein Passat. Aufnahme März 1974. Foto: Storz

Benzin teurer als Cola: Ölpreisschock, Fahrverbot und Selbstbedienung

Die neue Zeit bei Volkswagen, die Revolution aus Wolfsburg: Frontantrieb, quer eingebaute Frontmotoren, Schrägheck-Karosserie und eine große Klappe. Ein blaumetallicfarbener Golf LS im Juli 1974. Vis-à-vis buhlen an der Besigheimer Straße in Ludwigsburg zwei Tankstellen, Aral *und* BP, *in der für die Mineralölkonzerne schlechtesten Zeit überhaupt um Kunden.* Foto: Storz

Fast schon Romantik in den fortschrittlichen 70ern: Opel Blitz Abschleppwagen aus den 50er Jahren als lange gehegter und immer wieder frisch lackierter Abschleppwagen. Der ziemlich schmutzige Opel Diplomat V8 mag auf eine Reparatur warten. Vielleicht hat ihn sein Besitzer auch nur stehen gelassen, weil er nicht mehr willens war, 18 Liter Super alle 100 Kilometer zu tanken. Aufnahme während der Hochphase der ersten Ölkrise, im Januar 1974. Foto: Storz

Um überleben zu können, blieb den Tankstellenbetreibern nur die Chance, ein zweites Standbein zu finden. Dabei suchten sich zwei, nämlich die Tankstellenpächter und die Importgesellschaften der japanischen Automarken. Toyota, Mitsubishi, Datsun (Nissan), Honda und Mazda bauten in dieser Zeit gerade ihr Händlernetz auf und waren froh um jeden Kfz-Meister, der sich um die Schlitzaugen kümmerte. Im Bild ein Mitsubishi Galant Sigma (A120), die dritte Generation des Galant und die erste, die in Deutschland angeboten wurde. Im März 1977 verkaufte der Inhaber der BP-*Tankstelle nicht nur Sprit, sondern auch den nagelneuen Galant. Entweder ist daraus ein großes Autohaus entstanden, oder er ist Pleite gegangen. Beides ist möglich.* Foto: Storz

Alle machten es, alle Japaner zumindest: Um die gleiche Zeit an derselben BP-*Tankstelle aufgenommener Datsun 260 Z. Die Importeure waren damals nicht wählerisch; sie vergaben sogar Konzessionen an Händler, die bereits einen Konkurrenzjapaner verkauften. Und sie bemühten sich händeringend darum, etablierte Autohäuser zu gewinnen. Aller Anfang ist schwer. Wer sollte einen Datsun 260 Z an der Tankstelle kaufen, wenn er einen Porsche 924 beim Porsche-Händler bekam?* Foto: Storz

Ein preiswerter Porsche, ein Porsche mit Frontmotor, ein im Audi/NSU-Werk in Neckarsulm gebauter Porsche mit demselben Motor wie im Audi 100 und, noch schlimmer, im VW LT Transporter. Aber immerhin ein Porsche, ein erschwinglicher, der es Porsche ermöglichte, die turbulenten und autofeindlichen 70er Jahre zu überleben. So ganz Ernst gemeint ist dieses Foto von 1976 nicht, der Tankwart ist eindeutig zu jung, die Lady eindeutig zu klischeehaft, und außerdem macht sie ihren Job nicht gut. Sie hält die Öldosen so schlecht dem Fotografen entgegen, dass niemand die Marke erkennen kann. Foto: Archiv Porsche

Wir werden wieder seriös bei der Fotoauswahl und zeigen den Porsche 924 erneut, von seiner besten Seite. Ein Tröpfchen Öl benötigt er. Eingefleischte Porsche-Fahrer mussten sich umgewöhnen. Öl wurde vorne eingefüllt. Denn dort ist der Motor. Foto: Archiv Porsche

Bleiben wir beim 924er, ein letztes Mal. Sauwetter im Herbst 1979, ein Porsche 924 mit aufgeklappten Scheinwerfern ist an der Shell-*Tankstelle unterwegs. Normal kostet 86, Super 90 Pfennige. 1979 war die zweite Ölkrise, weil der Ajatollah in Persien eine islamische Revolution durchführte, den Schah stürzte und den Ölhahn zudrehte.* Foto: Archiv Porsche

Benzin teurer als Cola: Ölpreisschock, Fahrverbot und Selbstbedienung

Eine BP-Selbstbedienungstankstelle anno 1976 mit einem nagelneuen Opel Ascona B und einem Audi 80 der ersten Generation. Lauter vernünftige Autos mit vernünftigen Trinkmanieren. 98 Pfennige für den Liter Super, happig. Umgerechnet in die heutige Währung allerdings bedeutet dies einen Literpreis von 50 Cent.

Spätestens Mitte der 70er Jahre hatte es jeder gelernt: Wie drehe ich eine Ventilkappe auf, wie viel Atü müssen in den Vorderreifen und wie viele nach hinten, wo sitzt der Ölmessstab an meinem Auto?

Vergleichstest der Autozeitung »mot«, gemeinsames Tanken ist angesagt. Zwar interessierten die Werte für den Spurt auf Tempo 100 nach wie vor, aber der Verbrauch auf 100 Kilometer nahm eine immer größere Bedeutung an. Und der Fahrer begriff: Je langsamer er spurtet, desto seltener muss er die Tankstelle anfahren. Hier ist anhand der Preistafeln schön zu sehen, wie der Tankwart Kunden ködert: Er offeriert, im Gegensatz zur Konkurrenz, denselben Literpreis für Selbstbedienung wie für Tanken mit Bedienung.

Benzin teurer als Cola: Ölpreisschock, Fahrverbot und Selbstbedienung

Getankt wurde trotzdem, murrend und knurrend zahlten die Deutschen die hohen Benzinpreise. In den 70er Jahren war das Automobil eine Selbstverständlichkeit, keiner konnte und erst recht keiner wollte darauf verzichten. Das Auto als Produkt des täglichen Bedarfs. Links ein Opel Rekord C vor einem Strich-Achter-Mercedes, rechts ein Daf 66, der bald zum Volvo 66 mutieren sollte, vor einem 02er-BMW. Aufnahme 1974.

War die Tankstelle zuvor der Ausgangspunkt für das Autohaus, so beherrschte der Autoverkauf bald den Betrieb und die Zapfstelle wurde zur Nebenbeschäftigung: kleine Aral-Station auf dem Firmenhof eines Fiat- und Lancia-Händlers im Januar 1976, in Bildmitte ein Lancia Beta HPE 2000.
Foto: Storz

Große Jet-*Station auf demselben Firmenhof wie der Ford-Händler. Im Herbst 1975 feierte Ford-Deutschland sein 50jähriges Bestehen und lancierte zu diesem Anlass ein Sondermodell: Der Granada L war kupfermetallic lackiert, auch seine Stoßfänger und die Sportstahlfelgen, und alle weitern Chromteile waren in sportlichem Mattschwarz gehalten. Betankt wird ein Renault 16. Foto vom November 1975.* Foto: Storz

Aus den 60er Jahren stammen die Aral-*Zapfsäulen des Renault-Händlers im württembergischen Bietigheim, und auch das Renault-Logo ist nicht auf der Höhe der Zeit. Umso mehr aber seine quietschbunte Neuwagenpalette im August 1974, Renault 5 in allen modischen Farben, und als Appetitanreger der R 5, mit dem der Chef selber am Renault-5-Elf-Pokal auf die Piste ging. Extra dafür entwickelte Renault das Modell »Alpine Coupe« mit Rennauspuff, Überrollbügel und Breitreifen.* Foto: Storz

Eine Marke wie Renault mit seinen Sprit sparenden Kleinwagen hatte in Zeiten der Ölkrise keine Absatzsorgen, im Gegenteil. Aber die Hersteller exquisiter Modelle stöhnten arg darunter. Daimler-Benz hatte wenigstens eine Vielfalt sparsamer Diesel-Modelle im Programm. Aber einen 350 SLC kaufte angesichts dieser Kraftstoffpreise kaum mehr jemand: Trotz Selbstbedienung kratzte Super an der Eine-Mark-Grenze, Normal kostete im September 1976 bei Texaco *97 Pfennige, und Diesel war mit 89 Pfennigen noch halbwegs erschwinglich.* Foto: Storz

Das Gleiche wie für das große Mercedes-Coupé gilt für ihn. Ein BMW 3.0 L war damals schlichtweg unverkäuflich, genauso wie ein Opel Diplomat V8. Man verkleinerte sich eher, als dass man aufstieg. Der Fahrer des tankenden Opel Ascona B fuhr zuvor womöglich Rekord. Foto: Storz

Schlechte Zeiten für Tankwarte. Nichts los an der Shell-*Station in Stuttgart-Zuffenhausen im Jahre 1974. Dafür war die Bevölkerung fit, weil sie wieder mehr mit dem Fahrrad fuhr.* Foto: Archiv Porsche

Geschmäht sei, wer Schlechtes dabei denkt. Natürlich kam es vor, dass subversive Elemente ihren Mercedes Diesel mit Heizöl betankten. Bevor aus dem Dieselmotor ein Hightech-Aggregat wurde, war er ein Metallklumpen, der mit Heizöl aus dem heimischen Tank ebenso fuhr wie mit Diesel aus der Zapfsäule. Dazwischen lagen finanziell Welten wegen der Mineralölsteuer, chemisch gesehen war beides gleich. Aber so weit ging der Betrug dann doch nicht, dass Tankstellenpächter ganz offiziell den Heizöltanker anrücken ließen, um ihre Diesel-Tanks zu füllen. Das Heizöl braucht dieser Aral-*Pächter nur für den Ölofen, der sein Kassenhäuschen wärmt.*

Zum Weiterlesen aus dem Motorbuch Verlag

Alexander Franc Storz
So rollten die Fünfziger
Wer in den Fünfzigern reiste, tat dies mit dem eigenen Motorrad, Roller oder Automobil. Letzteres konnte nach den Hungerjahren dank steigender Löhne auch mit kleineren Einkommen erworben werden, und noch der kleinste fahrbare Untersatz garantierte ein Höchstmaß an individueller Freiheit, mit dem es dann gerne nach Italien ging. Und in den im Wiederaufbau begriffenen Städten entwickelte sich immer öfter das, was heutzutage allgegenwärtig ist: der Stau. Dieses Buch berichtet vom Straßenalltag im Wirtschaftswunder, von Reisen und Camping und wartet dabei mit tollen Geschichten und stimmungsvollen Bildern auf.
176 Seiten, Format 230 x 265 mm
ISBN 978-3-613-03395-5
€ 19,95 / sFr 27,90 / € (A) 20,60

Paul Simsa
Dies alles fuhr auf unseren Straßen
Auf den Straßen der 50er Jahre fuhren neben den viel bewunderten Neuwagen zahllose Veteranen, Umbauten und Eigenkonstruktionen. Oftmals nur am Leben erhalten durch Improvisation, Hingabe und eine gehörige Portion Bastlergeschick, brachten sie das Wirtschaftswunder in Fahrt. Der Autor, Motorjournalist seit 1951, richtete seine Kamera damals auf alles, was er bemerkenswert fand, vom klassischen Sportwagen bis zum skurrilen Dreirad. So entstand dieser Band: Nostalgie pur und ein Einblick in eine längst vergessene Zeit. Dieser Titel lässt die Adenauerzeit mit ihren Kuriositäten noch einmal nachvollziehen.
176 Seiten, Format 240 x 305 mm
ISBN 978-3-613-03280-4
€ 19,95 / sFr 27,90 / € (A) 20,60

Motor buch Verlag

www.motorbuch-verlag.de
Service-Hotline: 01805/00 41 55*
*0,14 € / Min. aus dem dt. Festnetz, max. 0,42 € / Min. aus Mobilfunknetzen

Stand September 2012
Änderungen in Preis und Lieferfähigkeit vorbehalten.